ブッダに学ぶ 聖者の世界

アルボムッレ・スマナサーラ

アルタープレス

はじめに

聖《アリヤ》の見方

「聖」という単語は、仏教の世界でとても重要視されています。仏教には「四諦《したい》」「八正道《はっしょうどう》」と呼ばれる根本の教えがあります。その教えを原語から直訳すると「四聖諦《ししょうたい》」「聖なる八支《はっし》の道」になるのです。日本語でも悟りに達した方々を「聖者」と呼びます。仏教宗派のなかでは偉大なる宗祖を「聖人《しょうにん》」と称える場合もあります。大和言葉でも聖の字に「ひじり」の訓を当てていたりしますね。

仏教で使われる「聖」という単語は、古代インドの雅語であるサンスクリット語の「アーリヤ」を漢訳したものです。パーリ語（初期仏教の聖典語）の「アリヤ」も同系統です。紀元前一五〇〇年頃に中央アジアからインド亜大陸に侵入した民族が、自分たちをアーリヤ（高貴な人々）と称して、支配下に置いた先住民たちを差別したことに由来します。そのインドがイギリスなどの植民地になった時代、ちょうど比較言語学の発展によって「インド・アーリヤ語族」という概念が生まれました。ヨーロッパに暮らすさまざまな民族は中央アジアに由来するアーリヤ人の言語的なルーツを引き継いでいるとわかったのです。

そうした言語学の発見が特定の民族を高貴（アーリヤ）とする人種理論として曲解され、「アーリヤ人の子孫たる我々が他の劣った民族を支配すべき」という差別イデオロギーとなって世界中で猛威を振るった悲劇は、歴史の教訓としてよく知られています。

そのような背景を踏まえると、「なぜお釈迦さまはアーリヤ＝アリヤという言葉を自らの教えの中心に据えたのか？」という問いが現れるのです。その謎解きは本文に譲りますが、ここでも概略を説明しておきたいと思います。

簡潔に述べるならば、ブッダ（目覚めた方）となられたお釈迦さまは、古代インドで人々を差別し抑圧する目的で使われていたアーリヤ＝アリヤという言葉の意味を大胆に転換してみせたのです。この世界の矛盾から完全に解き放たれ、一切の束縛を離れ文字通りの自由・無執着を体得した人、そしてその人の精神的境地を表す言葉としてアーリヤ＝アリヤを定義し直したのです。この「聖」に達するためには、その人がどんな家に生まれ、どんな血筋を持ち、どんな民族・宗教・文化・生活習慣を持っているか、あるいは男なのか女なのか、若者なのか年寄りなのか、いわゆる障害者なのか健常者なのか、といった肉体の違い、社会的なバックグラウンドの違いは一切無効化され、まったく問われません。ただ自分自身が良き人間になりたいと願い、人格を向上したいと願い、生きとし生けるものと調和して生きられるこころを育てたいと願い、あらゆる束縛を離れた完全に自由な精神を体得したいと願うならば、その人に「聖」の道は開かれるのだと、釈迦牟尼仏陀《しゃかむにぶつだ》は説いたのです。

ブッダが体現し、この世界に紹介した「聖」の境地は、俗世間の「ものさし」で測ることができないものです。現象への執着によって成り立つ世俗の価値によっては計測不能・表現不能なのが、聖者であり聖者のこころだとされるのです。先ほど触れた四諦八正道に代表されるように、「聖」に達するための修行方法、「聖」に達するために理解すべきものの見方についてならば、お釈迦さまは繰り返しさまざまなアプローチで教えてくださっています。しかし、「聖」そのものについては、経典のなかでも「炎(煩悩《ぼんのう》)が吹き消されている」「〈わたし〉という実感が無くなっている」などと、否定形で語られるだけなのです。その計り知れない、語り得ないことがらについて、言語のぎりぎりのところで表現された仏説を理解するためのポイントを、この本のなかで説明してみました。

この本には、私が日本テーラワーダ仏教協会の月刊機関誌『パティパダー』に連載した長編の法話が三編、収録されています。一般の方向けに開催していた初期仏教月例講演会、そしてヴィパッサナー瞑想を本格的に実践する方々向けに企画された宿泊瞑想会での原始仏典『スッタニパータ』に関する講話、それからコロナ禍で行動制限を余儀なくされている方々のために企画したYouTubeライブ配信で『スッタニパータ』の一節を取り上げた法話です。それぞれ異なる対象の方々に向けて話した内容ですが、それを協会の編集局長である佐藤哲朗さんと一緒に協会会員向けの法話記事としてまとめて発表してきました。

私は一回した法話については話し終えた時点でその内容をすべて忘れてしまいます。完全に脳を空っぽにして新しいアイデアが生まれるようにしているのです。ですから過去の法話について振り返って解説するという、他の著者であれば当たり前のことが私にとってはとても苦しく難しい行為になっています。佐藤哲朗さんがアルタープレスの内田恵三さんたちと一緒に新刊企画を話し合うなかで、「この三編の法話を改めて読むと内容に一貫性があるので、ぜひ一冊にまとめてみたい」というリクエストを頂いたのです。

元々の法話は誰が聞いてもいいような形で語られています。仏教団体の機関誌での連載といっても、誰が読んでもいいものです。しかし、やはり内容には多少専門的で、よくよく仏教を学んでいないとわかりづらいところもあったのではないかと思います。そのような難点について、『パティパダー』の連載原稿をもとにして編集者の古川順弘さんがとても滑らかにわかりやすい形にまとめなおしてくださいました。

ご存じのように、出版はますますリスクが高く、献身的な気持ちなしには成り立たない、割に合わない事業になっています。とくに「ちょっとしたいい話」というレベルを超えた仏教の本を一般書籍の形で出版することには、たいへんなご苦労があったのではないかと推察します。本書の刊行に尽力してくださった皆様に感謝いたします。

終わりの見えないコロナ禍で悩み苦しみを抱えて生きる皆様が、ブッダの「聖」なる世界、聖者の清らかな心の境地に触れることで、少しでも心の安らぎを感じてくださるならば、それは望外の幸せです。

皆様に三宝のご加護がありますように
生きとし生けるものの悩み苦しみがなくなりますように

アルボムッレ・スマナサーラ

目次

第一章　聖と俗のボーダーライン

――初期経典に学ぶ「聖なる世界」

一　聖と俗を分かつもの

――知識から智慧へ

◆「聖なる世界」とは

ブッダの教えを勉強するときは、どうしても私たちの知識レベルをいくらか上げないといけません。そのためのブッダの話だからです。私たちは本などを読んで学びますが、それはすでにある知識になにかを加えるだけの話にすぎないのです。そういうケースでは、学んだことで、なにかしら成長したというケースにはなかなか出会えないものです。

ですから、ブッダの話は気持ちよく音楽に耳を傾けるような雰囲気で聴くことは難しいかもしれません。ブッダの話は、なにかを学んで成長しなくてはいけない、未だかつて知らなかったなにかを新たに学んで向上しなくてはいけない、ということにどうしてもなるからです。

たとえるなら、学校の授業のような感じです。学校の授業では、生徒たちがすでに知っていることを教えるわけではありません。知らないことを教えるのです。そこで、みんな嫌な顔をするのですが、仕方がありません。勉強とは、新しいことを学ぶことなのですから。そうやって、若者は学んで成長していく。先生の言うことはわからない、聞きたくないということになってしまうと、人生は成長しないまま、堕落した状態で終わります。

つまり、どちらかというと仏教は教育の世界に近くて、人間の知らないことを次から次へと教えてくれる世界なのです。

さて、この第一章では「聖なる世界」というテーマでお話しします。

「聖なる」という言葉は、仏教では頻繁に使われるキーワードです。仏教では、世間にあるすべてをまとめた「俗なる」世界と、ブッダのみが語れる「聖なる」世界を厳密に分けているからです。

パーリ語のariya《アリヤ》、サンスクリット語のārya《アーリヤ》を日本語訳すると「聖なる」という単語になります。英語に入れ替えれば、noble（優れている）という意味です。ただし、その場合、一般の人とはちょっと違うというニュアンスになります。歴史を振り返ると、アーリヤという言葉が人種差別に使われた事実もあるのですが、仏教でariya、āryaを使う場合には、そういう排他的、差別的な意味はありません。人類みんなに分け隔てなく、「あなた方も頑張って、聖なる世界、nobleな（優れた）世界に入ってください」というニュアンスになります。

他の宗教でも教えている、神を信じる人だけが優れた選民で、信じていない人はろくでもない人間だというふうな意味合いではありません。ちゃんと理由をつけてariya（聖）とanariya《アナリヤ》（非聖、俗）を使い分けているのです。

たとえば、誰かが会社の入社試験を受けようとしたら、会社側はその人の資格を聞くでしょう。ある会社で、「あなたは工学部を出ていますか？　うちの会社は工学部を卒業している若者を雇いたいのです」と言われたとしても、別に差別にはならないでしょう。その会社では工学のスキルが必要だから、そう言っているにすぎません。

つまり、優れているというのは能力の問題であって、ただ信仰することの問題ではありません。だから、アーリヤか否かというのは、能力について語っているところなのです。学んで資格を取れば、誰でも入れる世界なのです。そういう基本を押さえたうえで、ブッダが教える「聖なる」世界について、これから勉強していきましょう。

◆「知識」は俗世間が重んじるもの

「知識に頼って生きている世界が俗世間である」とお釈迦さまは仰いますが、知識に頼らないで生きる人間はいくらでもいます。けれども、それはもっとレベルが低い生き方です。ふつうの文化人だったらそれなりに知識もあって、知識に頼って生きています。社会的にも知識は大事にされているから、知識人のほうが認められやすいのです。

人間社会というのは、「金さえあればいい」とうそぶくわりに、抜群な知識があったほうが金持ちよりも褒め称えられる傾向があります。現実はそうなっています。すごい金持ちだからといって、称賛されることはあまりありません。

抜群な知識人がいたら、みんなその人を呼んで、講演を聴いたり、学んだりしたがる。世の中になにか問題が起きた場合も、「では、金持ちの意見を聞こう」ということにはなりません。そんなケースはひとつもないでしょう。そうではなく、ノーベル賞を取った人や、優秀な大学教授や、そういう専門家に意見を聞こうとする。つまり、文化的な世界では、知識人こそが大事にされます。結局のところ、世界は知識に頼って生きている、ということなのです。

このようなわけで、お釈迦さまは「知識に頼って生きている世界が俗世間である」と教えているのです。

◆世間を超越した「智慧の世界」

一方、智慧の世界とはどんな世界でしょうか。

智慧の世界とはすなわち、世間を超越した「出世間《しゅっせけん》」です。しかし、それは知識の代わりに智慧に頼る世界ではありません。微妙な言葉のニュアンスを憶えたほうがいいと思います。私たちは知識に頼って生きています。それに対して、ブッダの世界には、智慧の世界であっても、「頼る」という言葉はないのです。なにが違うのかと疑問に思われるかもしれませんが、ぜんぜん違います。これは説明が難しいポイントです。いわゆる、「存在そのものの問題」を乗り越えた境地の話なのです。

生きたい、生きていたいと思うならば、なにかに頼らなくてはいけません。たとえば今、私たちはみんな呼吸に頼っているでしょう。呼吸がなかったら生きていられません。だから、生きていたければ呼吸しなければいけないということで、生きることはイコール、なにかに頼ることなのです。必ず、なにか杖になるものが必要なのです。俗世間とは、生きる＝頼る世界です。いつでもなにかに、ご飯やお金や服やいろいろなものに頼って、物質に頼っていなければいけません。物質に頼ることは誰でもやっています。文化的で理性のある世界では、それにも増して「知識」というものにも頼っているのです。

それに対して、ブッダの世界とは智慧の世界です。要するになににも頼らない世界です。

◆主観的な「知識」から、ありのままに観る「智慧」へ

知識と智慧は、次のように区別して理解しておきましょう。

◉知識とは、五根《ごこん》（眼・耳・鼻・舌・身）から入るデータを頭で合成して概念を作ること。
◉智慧とは、ありのままに真理を発見すること。

まず知識は、次のようにして形作られます。

眼・耳・鼻・舌・身というチャンネルからいろいろなデータが入る。そのデータを頭（意）のカラクリによって合成する。合成して、概念（想《そう》）を作るのです。私たちは、それに対して「知識」と言っているのです。ですから、知識というのは最初から怪しいものなのです。各人が自分の眼・耳・鼻・舌・身を持っていますが、データをどのように合成するのか、ということは各個人の世界によってバラバラなのですから。

バラの花を眺めて、それを美しいと見るか、つまらないと見るか、ということは、個人の世界によることです。「あなた方は必ず、バラの花が美しいものだと見なさい」と命じることはできません。なにか食べ物を出して、「必ず、これは最高に美味しいと思いなさい」と言っても無理な話です。同じものを食べても、それを最高に美味しい、最高に不味い、どうということはない、まあまあ美味しい、ちょっと不味い、などと判断するのは、個人個人の世界によることなのです。

こうみると、なんとなく、個人は自由なような感じがします。けれども、これが自由かどうかは怪しいものなので、私は「主観の勝手」という言葉を使っています。個人とは主観的に、勝手に生きているものであるということです。「自由」とは言いません。私はその言葉を避けたいのです。

ほんとうのところ、生命に「自由」はありません。生きているかぎり、輪廻転生《りんねてんしょう》しているかぎり、自由はありません。だから、仏教は明確に「束縛」と言っています。生命は束縛されているのだと。「煩悩《ぼんのう》（āsava《アーサワ》）」にはもう一つ同義語があって、それは「束縛（saṃyojana《サンヨージャナ》）」なのです。

束縛されている生命が、「自由、自由」と言うのはおかしな話です。自由はないけれども、私たちは勝手なのです。食べたものを、美味しいか、ものすごく美味しいか、ものすごく不味いか、まあ美味しいか、なんとなく不味いか、などと判断するのもその人の勝手であって、自由ということはありません。五根から入るデータを自分勝手に合成して、さまざまな概念（想）を作っている。概念とは知識ですから、その知識に頼って生きているのだから、結構トラブルだらけの世界になっているのです。

それでは、智慧の世界とはなんなのでしょうか？

それは、「私にこう見える」ということを措《お》いて、ものごとを「ありのまま」に観ようとすることで現れる世界なのです。たとえば、バラの花を見た瞬間、「きれい」と感じたとしましょう。そのとき、ほんとうにそうなのか、実際はなにが起きているのか、と観察する。私の前にある見える対象（色《しき》）と、目（眼）の間のコミュニケーションによってなにが起きているのか、ということを調べて、真理を発見する。それが智慧の世界なのです。

二　俗世界の「知識」を分析する

◆「知識」は確かなものではない

「知識」の特色をさらに掘り下げてみると、それは「確かなものではない」ということになります。なぜそうなのでしょうか？

先に述べたように、「知識」とは、私たちが各自の眼耳鼻舌身というチャンネル（五根）から入るさまざまなデータを頭（意）で合成し、概念（想）にしたものです。一人ひとりが自分勝手に、互い違いの概念（想）を作ります。ですから、複数の人が同じ情報に触れて「知っています」「よくわかりました」などと偉そうなことを言っても、それぞれがバラバラな理解をすることは避けられません。この認識のカラクリに依存しているかぎり、「確かな知識」というものは、どうやっても成り立たないのです。

私がなにかご飯を食べて「すごく美味しい」と思ったとする。これは確かな知識と言えるでしょうか？　他の人が同じものを食べたら、「いや、これは味付けをもうちょっと工夫したほうがよかったのでは」とか、「この料理の組み合わせはよくない」とか、いろいろと言うかもしれません。

そういうわけで、私たちは知識に頼っていますが、それは不確かな世界だと言わざるを得ないのです。

◆いくら進歩しても知識は曖昧

「自分だけが知る主観の世界は、確かなものではない」と人間は薄々感じています。自分の考え・自分の信仰などを他人に教えて認めてもらおうとすると、対立と争いが生じてきます。自分自身があえて嘘を言っているわけではないのに、相手は認めてくれないのです。自分の考えが間違っている、と批判されるのです。

もっとも、事実はなんなのか、本物はなんなのか、真理はなんなのかなどを探し求める歴史は、人類の歴史とイコールです。その結果、人類に共通と言われるさまざまな知識を見出すことができたのです。数学と科学的知識は、そのなかでも際立っています。これらの知識については、誰も争いません。

しかし、自然科学は社会から厳しい攻撃を受けてきました。今も科学的知識を否定する人々がいます。はじめは迷信に基づいて人の運命を占うために使われた天文知識も、攻撃を受けながら、徐々に科学的な知識として進歩しました。人間の知識は日夜を問わず進んでいます。自然に進歩するわけではなく、人間の努力によって進んでいくのです。

知識の進歩とは、個人の主観の知識から、共有できる知識を見出すことです。しかし、いくら進歩しても、その知識が曖昧であることには変わりません。なぜならば、知識を構成するためには、眼耳鼻舌身で受信できるデータしか使えないからです。赤外線と紫外線は光の一種なので、眼に見えるはずですが、見えません。そこで、五根によって体験できる別のデータに入れ替えて（機械を作って）存在を推測します。

知識の世界では、「真理を発見しました、これ以上知るべきものはなにもない」と終了宣言を発することは不可能です。ということは、いつまでたっても知識の曖昧さはそのまま、ということなのです。

◆知識によって「見解」が作られる

そして、私たちは知識を持つようになると、急に哲学者になるのですね。好き勝手に生きているように見えて、みんなそれぞれ自分で世界観、人生観を持っているでしょう。これはどう考えてもおかしな話なのです。「あなたはなにを知っている人生論を持っているのか？」と訊きたくもなります。世界のことをあまり知らないくせに、各人が自分の哲学を持っているというのは面白い話だと思います。

私たちは、概念（想）から「見解」というものを作ります。ちょっと考えてみましょう。頼りにならない、勝手な主観にすぎないものが知識で、その知識から「見解」「哲学」を作るのです。各自が各自の哲学に基づいて、世の中のことをさらに判断したり、具体的な行動をしたりしている。自分なりの哲学がなければ、食べ物や食事を選ばなければならないときでも選べなくなってしまいます。この「見解」がないと、なかなか一般人は生きづらい。

みんな、独自の哲学を持って生きています。たとえば、「牛肉ならばやはり和牛にかぎる」という偉そうな哲学を作って、「オーストラリア産の輸入牛肉なんか食べたくない」とこだわる人もいる。あるいは、「キャベツだったら○○産のものを食べます」とか。そうやって、自分なりの見解・哲学を作らなければ、毎日の食料さえ選べなくなってしまうのです。

「今度の休みはどう過ごしますか？」と訊かれたら、各人が、「私はこうする」「私はああします」とそれぞれの答えを述べるでしょう。それは自分の見解から割り出した答えです。そうやって、すべての人間に見解があるのです。これがまた共通性がない。各自の主観によって勝手に生まれるものだからです。

見解の場合、カテゴリーに分けることはできます。しかし、概念（想）は膨大なので、一個一個の概念を調べることは不可能です。一人の人間でも、同じデータを認識してその時その時で、さまざまな概念を作ってしまう。自分自身の思考だけを調べてみても、それが不安定でつねに変わっていくものだと発見できるはずです。ある時は嫌になったものが、ある時は好きなものになる。好きだと思ったものが嫌になることもあります。

見解も、見解から作る人生哲学も、不確かで、つねに変わっていくものなのです。

◆見解・哲学の共通因子

人間が作る見解・哲学はさまざまに分類されますが、基本的に二種類のカテゴリーに集約されると考えられます。

①この世で幸福に楽に生きられるために必要な見解のカテゴリー。世にある経済学、政治学、医学、心理学などが入ります。

②「死ぬのは怖い」という感情から現れる見解のカテゴリー。いわゆる哲学と宗教が入ります。

②のカテゴリーの場合、共通因子として探し求めているのは、「私とはなに?」「私はどう生きればよいのでしょうか?」「私の死後はどうなるのでしょうか?」「私が目指すべき生きることのゴールはなんなのでしょうか?」といった問題です。

宗教哲学を作りたがる人間について、お釈迦さまが説法をされたことがあります。お釈迦さまは、人間に考えられる範囲にあるすべての宗教哲学は六十二種類になると、明確に分類されました（『梵網経《ぼんもうきょう》』）。五根のデータにかぎられた宗教哲学なら、作られるのは、「人は死後、神々の世界に行く／不幸な世界に行く／さまざまな命として輪廻転生して進む」「神は多数いる／全知全能で唯一の神がいる」、または「人は死後、土に戻るだけである」という考えだけです。

なかには、五根に入るデータは信頼できないと思って、認識能力を超越させる人もいました。そういう人々が、五根のデータにかぎられた常識を超越した知識によって考え出した死後論もあります。お釈迦さまの六十二種類の分け方の大半は、こちらの哲学者の考えで占められています。

◆どんな見解にも必ずアンチが生じる

また、どんな見解にも、反対の意見が現れます。

このポイントは説明がややこしい。たとえ自分がどんな見解を作って、その見解に沿って生きていたとしても、世の中には必ずアンチ・テーゼが現れるからです。

たとえば、ある人が「私は肉を食べない。野菜や穀物しか食べない」という見解を作ってベジタリアンになる。そこで、いろいろなベジタリアン哲学を語る。「動物を殺さなければ肉は食べられないだろう。それでは動物がかわいそうだ、残酷だ」とか、あるいは「動物の肉は毒性が高い」とか、「肉はコレステロールが多くて体に良くない」とか、いくらでも語れます。

でも、なに一つ、自分の生き方を確立するような言葉ではないのです。なにを言っても、これで決まり、決定ということにならないで、「う～ん、そうかな？」という程度の話に終わってしまう。

ですから、テーゼとアンチ・テーゼを戦わせても、あまりたいした議論にはなりません。ベジタリアンもアンチ・ベジタリアンも、自分なりの理由を主張するのですが、ごちゃごちゃ理由をつけるだけで、誰もが納得できるような結論に達する理論は言えないのです。

このポイントについて、よく勉強してください。世の中では、みんなそれで困っていると思います。

誰でも、自分の見解を必死になって弁解しようとするでしょう。しかし、相手は反論を持ち出す。やがて、どちらかが打ち負かされて、悔しさを抱える結果に終わります。

議論が起きたら、勝つのはどんな人でしょうか？　凶暴で、おしゃべり屋で、行儀作法を守らない人が勝つのです。人間同士でしゃべるときは文化人ならそれなりの行儀作法があるはずなのに、それも守らず、凶暴で一方的にしゃべる最悪の人間が勝ってしまう。まさに、どうにもならない世界です。

ここで言いたいポイントは、「私は菜食主義でいきます」と主張した途端、「あなたはなにを言っているのか！　体には肉魚などの動物性たんぱく質が必要だ」という反論も現れてくるということです。では、どちらが正しいのでしょうか？　どちらにもそれなりの理由はあります。しかし一つとして、決定的な理由は持っていない。それだけです。

各個人が自分の見解を持っています。見解を持った時点で世間が反論を持ってくる。「共産主義こそが素晴らしい経済システムである」と一部の人々が主張すると、「とんでもない、資本主義こそが正しいのだ」と反論が沸き上がる。しかし、どちらが正しいかと、わかったものではありません。誰の理論もいい加減で、決定版にはならないのです。

◆見解に固執するから苦しみが生まれる

ところが、人は自分の意見に執着して、その意見が正しいと固執してしまう。

この見解への固執ということが大問題です。人間は、見解を作らなければ生きていけないという、重度のガンに罹っています。しかし、見解には必然的に反論がつきまといます。子供がなにか意見を言うと、母親は「それ、違うでしょ」と反対します。子供が将来、音楽家になりたいと思っても、母親に「ダメよ、そんなの」と否定される可能性があります。「そんなのなれっこないでしょ。競争は激しいのよ。それよりは工学か医学でも学びなさいよ」。そういうふうに、世の中の見解には必ず反対意見がつきまとうのです。

そこで問題なのは、見解とは自分の生き方であり、自分の哲学、自分自身の人生論なので、それに執着してしまう、ということなのです。見解に固執するのです。見解に固執することこそが、人間に智慧が顕《あらわ》れない理由です。悟りをひらけない理由です。輪廻転生に閉じ込められたままでいる理由です。そこで、仏道を実践する私たちは、見解に固執することを止めたならば、見解という足かせを破ったならば、預流果《よるか》（預流果・一来果《いちらいか》・不還果《ふげんか》・阿羅漢果《あらかんか》の四段階からなる悟りのステージのうちの一番目）の悟りに達したことになるのです。

見解は、生きるために人間が必要とする道具の一つです。存在欲があるかぎり、見解は消えません。見解が存在欲を培養するのです。命が惜しいと思う人の護身用の武器にもなります。しかし仏教は、見解に対する固執が苦しみを司《つかさど》る原因であると説くのです。

ちょっとしたエピソードを考えてみましょう。

あなたが護身用にピストルを買ったとします。しかし、せっかく買ったピストルを大事にしなくてはいけないので、金庫に入れて大切に保管することにしました。

ところが、家に泥棒が入ります。あなたはピストルで泥棒を脅して追い出したいが、そのためには金庫を開けなくてはいけない。すると、ガチャガチャと金庫を開けようと慌てるあなたを泥棒が後ろからぶん殴り、あなた自身のピストルであなたを撃って、開いた金庫の財産を奪って逃げてしまった。

要するに、護身用だと思ったピストルが、護身用ではなく自分を破滅に陥れる原因になってしまったのです。このエピソードで使ったピストルを、「見解に対する固執」

に入れ替えてみてください。

誰であれ、私たちの生き方が矛盾に満ちているのは、さまざまな見解に固執しているからなのです。

ここで人間が抱える悩み苦しみの原因が見えてくると思います。それは、「自分の意見が正しいと固執すること」なのです。

では、自分の意見が正しく客観的な事実であると言えるのかどうか、また順番にさかのぼって考えてみましょう。自分の意見は、自分にとっては正しいのです。それなのに、無数の他人は反対意見を持っている。しかし自分の意見を捨てて、他人の意見を取り入れることも不可能です。たとえば「魚が嫌い」という見解を持っているあなたには、「魚は美味しい」という人の見解に乗り換えることはできません。他人は違う見解を持っているから、自分の見解が正しいと確定することはできなくなります。

面白く言えば、「私の意見が正しい」と自分が自分への賛成票を投票箱に入れる。他のみんなは、反対という票を入れる。結果として、いつも自分が負けているのです。だからといって、他人が勝ったわけでもないのです。他人の見解も、同じ運命になります。これが俗世間のありさまです。

それでは、なぜ見解が現れたのかというと、概念（想）によって現れたのです。なぜ概念が現れたのかというと、眼耳鼻舌身から入った情報によって現れたのです。それも情報をありのままに受け取ったのではなく、勝手に合成した結果です。その、勝手に合成した結果に基づいて、わがまま好き勝手に生きてきた。そのために今、見解に固執するという酷い状態に陥ってしまっている。

このような順番で、俗世間の苦しみが生まれているのです。

◆知識はこころを汚す

結局、知識はこころを汚してしまう。

このポイントは、もう説明する必要はないでしょう。固執によって愛着が生まれて、それから怒り・嫉妬・憎しみが生まれて、同じ人間に対して喧嘩を売りに行く、戦いに行く。子供が親と喧嘩する、夫婦や兄弟も喧嘩して、憎しみ合う。仲良くしなくてはいきていられないのに、それはきれいに忘れてしまう。相手は潰したほうが楽だという、破壊主義、虚無主義などの、この世にあってはならない恐ろしい見解までもが現れます。

このように、知識によってこころが汚れてしまうのです。

三　出世間の「智慧」を分析する

◆智慧には見解は成り立たない

一方、智慧は知識とはまるっきり違うものです。智慧とは真理の発見であって、たんなる意見ではありません。もう聞き飽きたたとえだと思いますが、「地球が丸い」ということは、見解ではありません。ありのままの事実ですから、反論は成り立ちません。なぜならば、それはデータを調べた結果であって、いわゆる真理だからです。真理には反論が成り立ちません。

ここで二つのことを区別しておきましょう。

私たちの日常経験では、大地は平らです。どう頑張っても、丸く見ることはできません。この状況を「知識」と名づけましょう。

次に、地球の形について、より明確に観察してデータを取ってみましょう。たとえ個人の目には平らなように見えても、「地球の形は丸い」という結果になります。地球が丸いと発見することを、「智慧」と名づけましょう。

この場合、智慧に達するためには、知識に対する執着を捨てなくてはいけません。しかし、たとえ地球が丸くても、私たちは「地球は平らである」という立場で生活しています。家を建てたり、高速道路を造ったりする場合に、地球が丸いということは関係ありません。地球の丸い形を気にするのは、せいぜい長距離で飛行機を飛ばすために空路を考えるときぐらいだと思います。

ここで、面白い発見があると思います。「地球は丸い」と知っているのに、日常生活では「地球は平らである」という立場をとっているのです。丸いという真理を発見したにもかかわらず、平らという俗世間的な知識を捨てられなくなっているのです。

通常、俗世間的なレベルで真理を発見しても、それは命を支える目的にほとんどかぎられています。医学や科学の世界の発見は、私たちの生き方をより楽にしてくれます。ただし、大量破壊兵器などの開発もありますので、命を脅かすこともあります。

一方、宇宙科学で発見する事実は、どのように自分の命に関わりがあるのか、よくわかりません。何百光年先に新たにブラックホールが現れていたことを発見したとしても、その事実は現在を生きる私たちには関係がないでしょう。

というわけで、俗世間で個人の主観を乗り越えて真理を発見しても、それは生命の役に立つこともあれば、立たないこともあり、また生命を脅かすこともあります。ポジティブに見れば、真理を発見して人がより豊かで平和に仲良く生活することができれば、ありがたいと言えます。

しかし、ここに問題があります。一方的に命を讃嘆して良いのでしょうか？「命とはなに？」「生きるとはなに？」という問いにも、個人の主観を乗り越えて客観的に調べて真理を発見する必要があります。その結果、「命は尊いもので、この上のない価値があるのだ」と発見するならば、なんとしてでも生きることを讃嘆しなくてはいけなくなります。

しかし残念ながら、みんな微生物から大宇宙まで、さまざまな研究に取り組んではいますが、「生きるとはなにか？」という研究はしていません。命の問題はいまだに、迷信・信仰と宗教の管轄です。そのなかには、真理のひとかけらさえもないのです。知識を超えて智慧を開発するために、物質的な存在のほんとうの姿だけではなく、「生きる」という現象のほんとうの姿も発見しなくてはいけません。

生きるとはどのようなことか、私たちにはさっぱりわかりません。けれども、生きるうえで悩み・苦しみが生まれること、怒り・嫉妬・憎しみなどの感情で苦労したり失敗したりすること、いくら頑張って生きていても精神的に満たされないこと、せっかく喜んで生きてみても、すべてを捨てて死ななくてはいけないことなど、生きるうえで起こるさまざまな問題を私たちは経験しています。その問題に一時的な手当てをしないで、最終的に解決したいと思うならば、「生きるとはなにか？」と客観的に観察して、真理を発見しなくてはなりません。

そして、真理を発見したならば、生きるうえで起こる無数の悩み苦しみからも、最終的に解放されるのです。

◆知識と別れ、こころを清らかにしたら、智慧が顕れる

しかし、こころが清らかでなければ、智慧は顕れません。怒り・嫉妬・憎しみがあるというならば、偏見を持っているということでしょう。反論に対する、怒り・嫉妬・憎しみがあるということでしょう。怒り・嫉妬・憎しみを持ちつつ、智慧が顕れ

るということはありえません。

それから、固定概念、先入観。これらは見解でしょう。見解には反論があるでしょう。見解からこころを自由にさせないかぎり、智慧は顕れません。

というわけで、知識があるとこころが汚れ、知識にさようならを言って智慧が顕れたら、こころが清らかになるのです。汚れた知識を乗り越えることに、おびえる必要はありません。

みなさんは、「知識にさようならをしてください」と言われたら怖いかもしれません。なぜなら、命に愛着がありすぎるからです。では、「地球は平ら」という見解が消えて、「地球は丸い」というありのままの真理を人類が認めることになって、なにか怖いことがあるでしょうか？　なにか困ったことがあるでしょうか？　なにもないでしょう。

昔は、悪霊にたたられると人は病気になる、神の怒りを買えば病気になる、神に定期的なお供えをしなかったら人が病気になる、子供が早死にする……などと信じられていました。だから、古代のお医者さんはシャーマン（祈禱師《きとうし》）だったのです。

その悪霊という見解（迷信）がなくなった今、人間がなぜ病気になるのかということは、誰でも知っています。ウイルスや細菌で感染する場合もあるし、寄生虫で病気になる場合もあるし、臓器がなにかの原因で正しく機能しないで病気になる場合もある。食べ物によって病気になる場合もあるし、遺伝に基づくトラブルで病気になる場合もあるし、病因もいろいろと分類されています。エイズやインフルエンザはウイルスのせいで罹るのだ、というのは、データによって引き出された結論で、たんなる意見ではありません。

私たちは皆、かつて持っていた見解を捨てて、今は事実を知っている。では、それで誰かが損をしたでしょうか？　今は高熱を出しても、誰も神にお供えしようと走らないでしょう。子供なら病院へ連れて行く、大人だったらバファリンを飲んだりする。それに対して、神が怒っているのでしょうか？　なにもありません。かえって人間はみな精神的に楽になって、幸せになっているだけです。

「知識にさようなら」というのは、そういうことなのです。

知識そのものが見解になるのです。見解には反対の意見も成り立ちますから、どちらが正しいかと決められません。人間は命に執着して、命を支えるために知識を探し求めます。知識が増えると、それに対する反論も増えていきます。正しいか否かという問題は、つねに追いかけてきます。

◆智慧は光をめざし、知識は暗闇をめざす

一つの例で考えましょう。全知全能の神様は存在するでしょうか？　存在しないでしょうか？「存在する」と証明することは不可能です。「存在しない」と証明することも不可能です。ならば、限りなく悩むことになります。

「こうすれば楽に生きられる」という新たな知識が現れたら、当然、それに反論も成り立ちます。たとえば、今は情報化社会です。昔に比べたら生きることはとても楽になったと、一部の人は思っていますが、自由に情報を交わせて誰にでも発言する自由があるので、世界にはデマの情報ばかり拡がっている。それによって多くの人が、多大な迷惑をこうむっています。その他の社会問題もたくさん惹き起こされているでしょう。テロ行為を仕掛ける人も、地球スケールで連絡を取り合うことができるようになっているのです。知識に宿命的な欠点があることは明らかです。

お釈迦さまは、知識が持つ別の欠点を示しています。それは一言で言えば「勘違い」です。この「勘違い」というキーワードに関しては、詳しい説明をすることもできますが、テーマが違うのでここでは省略してお話しします。

たとえば、「財産があれば幸福に生きられる」という知識があります。そして、その知識に一方的にしがみつきます。その際、財産は幸福だけではなく、多大な悩み・苦しみも、迷惑も与えてくれることを無視するのです。財産のせいで殺されてしまう可能性もあります。財産ばかりを追って生活すると、幸福で安穏に生きることができなくなるのです。

ですから、厳しい言葉で言えば、「知識を持つことは、幸福になるために地獄に飛び込む生き方である」と言えます。お釈迦さまは、「人々は幸福になる道だと勘違いして、不幸に陥る道を選んでいるのだ」と、説かれているのです。知識は瞬間的な楽しみを与えるかもしれませんが、最終的に生命を不幸に陥れて終わる。

見解がなくなって、智慧が顕れることが幸福なのです。

というわけで、知識は暗闇の方へと、人間の苦しみを増やす方へと進んでいきますが、智慧は人間の苦しみをなくす方向へ進んでいきます。そして、智慧によって人格は完成し、煩悩がなくなり、解脱《げだつ》に達し、苦しみを乗り越える。

仏教的な立場でまとめるならば、「智慧は光をめざし、知識は暗闇をめざす」のです。

四　俗世界の「学び」と仏教の「学び」

◆ありのままに観る能力を育てるのが仏教的な学び

ここで、ここまでのまとめとして、俗世間と仏教の「学ぶ世界」の違いを明らかにしたいと思います。

みなさんも子供のころは両親から、「勉強しなさい」と厳しく言われていたことでしょう。お釈迦さまも同じように、「学びなさい」と仰っています。しかし、両者の言葉は、じつは似ていないのです。

世間では、ひたすら「貯めなさい」と強調します。経験を積みなさい、知識を貯めなさい、と叩き込みます。

それに対して仏教は、「貯めなさい」ではなくて、「ありのままにほんとうのことはなにかと知りなさい」と強調するのです。「学びなさい」という言葉は「勉強しなさい」「知識を貯めなさい」という言葉と同じようにみえますが、両者は似て非なるものなのです。

とにかく「貯めなさい」と言われたら、やみくもに貯める羽目になってしまう。だから、みんなやみくもに本を読んだり、本より早いのだからと言って漫画を読んだりする。そういうふうにとにかく貯める。でも結局、自分自身を正しく育てていないのです。

人の経験と知識は、その人の性格と生き方に影響を与えます。だからこそ、自分の人生を本や漫画に無批判的に任せてはいけないのです。日常で起こる出来事に、自分の人生を無批判的に任せてはいけないのです。

◆俗世間の学問は存在への執着を強化する

俗世間では、欲・怒り・慢などの感情が増える学びかたをします。学問の場合でも同じことです。たとえば、若い子が「東大に入りたい」と思ったとします。それは、ほんとうに立派に勉強したいという気持ちからでしょうか？　こころのなかには、傲《ごう》慢《まん》とか見栄《みえ》、欲などがあるのではないでしょうか？　ほんとうにその学問が好きだったら、「私はこういう学問を究めたい。この分野に関するトップの教授は○○大学にいるから、そこを受験します」と決めるはずでしょう。でも、若者が「東大に入りたい」と言う場合は、別の欲が絡んでいるのです。

それに、その子のお母さんにすれば、なぜ勉強するべきなのかといえば、その子がいい会社に入って、安定した収入を得てほしいからなのです。要するに、「いい大学からいい会社に入って、金を儲けるために必死で勉強しなさい」と言っているのです。それは欲以外の何ものでもありません。勉強とともに、欲と妄想を育てているのです。

私たちがなぜ勉強するのかというと、モノに執着するため、権力を握るため、物質または存在に執着するためなのです。これに異論があるでしょうか？

科学・数学・工学・文学などを学んで、科学者・数学者・技師・文学者になります。それで有名になったり、生計を立てたりします。経営学を学んで経営者になります。政治学を学んで政治家になります。でも、このような世界には、競争があります。ライバルを抑えて打ち勝たなくてはいけない。これは徹底的に執着を強化する世界です。貪《とん》（欲）・瞋《しん》（怒り）・痴《ち》（無知）を強化する世界です。

「存在に執着する」ということは、みなさんにはよくわからないかもしれません。でも、なぜ世の中に哲学があるのでしょうか？　存在に対する執着ゆえなのです。

また、なぜ世の中に宗教というものがあるのしょうか？　カトリックやイスラム教にはそれぞれ膨大な神学体系があって、それを学ぶ大学もあります。でも、結局なにを学ぶかよくわかっていないのです。しかし、死後に永遠の命を得ることをみんな期待しているようです。仏教から見れば、ただ存在欲を強化しているだけです。

みなさんは、神学はともかく、哲学書を読む場合、「私ってなんなのか？」「私の存在になにか意味を見出せるのではないか？」という感じで読んでいるはずです。結局のところ、存在に執着しないと哲学も現れないのです。

◆仏教的な学びは執着を捨てさせる

ところが、仏教はまったく正反対のことを教えます。仏教は「執着を捨てるために学びなさい」と言うのです。金を儲けるためではなくて、執着を捨てるために、学びなさいと言うのです。執着が悩み・苦しみを作ります。争いの弱肉強食の世界を作ります。勝敗の世界です。勝者は舞い上がって、敗者は落ち込みます。敗者は勝者を恨み、勝者は敗者の逆襲におびえます。それが執着の結果です。

でも、執着をなくすことを学んだら、反対の結果が得られます。争いに悩まない平安なこころが現れます。悩むことなく、穏やかに生きることができます。誰も恨む必要はないし、誰かの攻撃におびえる必要もなくなります。独立者として生きられるのです。

仏教を学んでカリキュラムを完了したならば、解脱という卒業に達したならば、存在に対する執着も必ず捨てられています。ということは、知識も学問も哲学も宗教も、もう微塵も要らなくなっているのです。

存在に対する執着はすでにありません。「あなたは神様を信じていますか?」と訊かれても、「心配しないでください。私には、神様は必要ないのです」と堂々と言えます。「罪を悔い改めなければ最後の審判で地獄に落とされますよ」と脅されても、「別に私は罪を犯す気持ちすらないのだから、大きなお世話です。さようなら」というふうに答えることができるのです。

存在に対する執着さえ捨てることができれば、最後の審判を受ける必要もないし、天国の門をくぐって昇天したいと期待する必要もない。執着を捨てた人だけが、ほんとうに自由なのです。言い換えれば、そこに至るまで、自由はないのです。

◆俗世間では善悪から離れられない

なぜ、この世に善悪が生じるのでしょうか？

「私」に見解があって、見解に基づく生き方・哲学がある。「私」は、その自分の哲学・生き方に沿って生きようとする。他の人にはまた他の人の見解があって、その見解に基づく生き方・哲学で生きようとする。そうすると、お互いに「あなたの生き方は間違っている」と対立することになる。そのようにして、善悪が成り立つのです。

私が「酒・麻薬は使ってはいけない」という見解を作ってしまうと、私から見れば酒・麻薬を使っている人たちはみんな悪人です。そこで、「絶対的な神であるエホバを信仰しなければいけない。これこそ真理であって疑いなく正しい」という見解が現れたら、エホバを信仰しない人間はみんな悪人になってしまう。このように、見解によって善悪が成り立つのです。

「私」の見解に反対する人は、「私」が間違っていると言う。

誰だって、自分が決めた生き方が正しいと思っているものです。でも、世間から批判されると、苦労してやめます。

たとえば、「金が欲しいけど、朝から晩まで苦労したくない」という哲学を持つとする。そうすると、「私」は仕事をしないで人の金を盗《と》らなければいけなくなる。「私」の哲学ですから、「私」にとってはそれが正しいのです。しかし、世間は「人のものを盗るなかれ」と言っている。そこで、「もし盗んだら訴えるぞ。裁いて、刑務所に入れるぞ」と言われると、「私」は「怖いから盗まないことにしよう」と決めるのです。

しかし、それでも、機会があったらやってしまいます。つまり、「嘘をついてはいけません」「邪《よこしま》な行為をしてはいけません」などと偉そうなことを言っても、それは世間の話に乗っているだけであって、チャンスがあったら嘘をついてしまう。「邪な行為などとんでもない、悪いだらしないことだ」と言っていても、チャンスがあったらやってしまうものなのです。

私たちが生きている俗世間とは、悪と感情に溺れている世界なのです。俗世間でも、ブッダと同じように、「人々の苦しみをなくしましょう」と多くの人が一生懸命に頑張ってはいますが、感情まみれの世間のやり方では、逆にどんどん苦しみが増える一方です。

苦しみをなくす目的で苦しみを作るのが、俗世間の生き方なのです。

五　『根本法門経』が説く聖者の「学び」

◆知識と智慧の差を説く『根本法門経』

　ここで、パーリ聖典のなかでもとくに難しいと言われる、中部経典の第一『根本法《こんぽんほう》門経《もんきょう》』（Mūlapariyāyasuttaṃ《ムーラパリヤーヤスッタン》）の言葉を引用したいと思います。慎重に教えのアクセスポイントだけを抜き出して説明してみます。

Assutavā puthujjano ariyānaṃ adassāvī ariyadhammassa akovido ariyadhamme avinīto, sappurisānaṃ adassāvī sappurisadhammassa akovido sappurisadhamme avinīto,

学んだことのない俗人（puthujjano《プトゥッジャノー》）は、聖者（ariyā）と付き合うこともなく、聖者が語る真理、事柄についてはなにも習うことなく、聖者の教える事柄について、訓練していない。善人（sappurisa《サップリサ》）に会ったことがない、善人が語る物事に関して、習うことも訓練したこともない。

pathaviṃ pathavito sañjānāti; pathaviṃ pathavito saññatvā pathaviṃ maññati, pathaviyā maññati, pathavito maññati, pathaviṃ meti maññati, pathaviṃ abhinandati.

かれは、地を地と思い、地を地と思って地を考え、地において考え、地から考え、〈私の地である〉と考え、地を歓びます。（片山一良訳『パーリ仏典　中部』大蔵出版より／以下※印同）

◆俗世間の学びと仏弟子の学びの違い

後半の段落からは、例をあげて俗世間において執着の生まれるプロセスを解説しています。Pathavī《パタヴィー》というのは地・水・火・風の「地」のことです。一般的に「土」だと思ってください。土を見て、「これは土です」という概念を作る（sañjānāti《サンジャーナーティ》）。花を見たら、「これはバラの花です」とすぐ決める。「これはおにぎりです」「これは弁当です」「これはケーキです」などなど、見た瞬間に、もう決めているでしょう。そのことを言っているのです。

そこで、「これは土です」「これはバラの花です」と決めてから、それについて思考する。Maññati《マンニャティ》というのは考えるということです。日本語には「妄想」というピッタリの言葉があります。つまり、それらについて「妄想する」のです。試しに「バラ」について、妄想してみてください。いくらでも「バラ」にまつわる世界が現れるでしょう。

原文は「土」ですが、わかりやすく「バラの花」にしましょう。バラの花を原因にして、バラについて妄想する（pathaviyā《パタヴィヤー》 maññati《マンニャティ》）。それから、「このバラの花によってなにかできることはないのか？」などと妄想する（pathavito《パタヴィトー》 maññati《マンニャティ》）。さらに「このバラの花は私のものである」あるいは「私のものではない」とか、「他人のものである」とか、妄想してしまう。「これはあなたのバラの花、これは私のバラの花」などと思ってしまう（pathaviṃ《パタヴィン》 meti《メーティ》 maññati《マンニャティ》）。バラの花を喜ぶことで、愛着が生まれる。それによって執着が生まれるのです（pathaviṃ《パタヴィン》 abhinandati《アビナンダティ》）。

概念から執着が生まれるプロセスが、この経典でものの見事に語られています。しかし、テーマが難しいのです。今お話ししたバラの花とか、おにぎりといった程度ではなくて、地・水・火・風の四大、瞑想する人の禅定状態とか、高次元の存在とかそういうものをテーマにしているので、読んでみてもちょっと理解できなくなっているのです。

続きの行に移りましょう。

Taṃ kissa hetu? Apariññātaṃ tassā'ti vadāmi.

なぜでしょうか？　教育を受けていないからだと言うのです。

ここでの「教育」とは、ブッダの世界の教育のことです。これは極めて高度な学びです。たとえば、ブッダの世界でも、ペットボトルはペットボトルだと言います。しかし、「ペットボトルって面白いなあ」と惹き付けられて、延々と妄想することは決してしません。ペットボトルという概念に触れても、それに執着しないのです。「ペットボトルです」と言うだけで、終わりなのです。

ですから、バラの花を見ても「この花の名前はバラと言う」だけで終了です。

俗世間的には、「あなた知っている？　バラの花にもいろいろ種類があって、これは○○という種類のバラで、とても高価なもので、こういう特殊な栽培法で作られている」などと、いくらでも話ができます。「花瓶に活ける場合はこうした方がよくて、季節は○○が適している」などと、執着がいくらでも湧いてくるでしょう。

しかし、ブッダの世界にはそういう引っかかりはなにもない。聖者の世界では、「これはバラの花と言う。せいぜい一週間ぐらいで枯れてしまう。私のものでも、あなたのものでも、なんでもないのだ」という学び方をするのです。

◆煩悩を作らない聖者は「学ぶ世界」を卒業する

さらに続きを読んでみましょう。

Yopiso, bhikkhave, bhikkhu arahaṃ khīṇāsavo vusitavā katakaraṇīyo ohitabhāro anuppattasadattho parikkhīṇabhavasaṃyojano sammadaññā vimutto,

比丘《びく》たちよ、また比丘にして、阿羅漢であり、煩悩《ぼんのう》が尽き、住み終え、為すべきことを為し、負担を下ろし、自己の目的に達し、生存の束縛を断ち、正しく知って、解脱している者がいます。（※）

阿羅漢（arahaṃ《アラハン》）という完全な聖者に達している、煩悩を滅尽《めつじん》している（khīṇāsavo《キーナーサヴォー》）、修行を完了している（vusitavā《ヴィスイタワー》）、やるべきことはやり終わっている（katakaraṇīyo《カタカラニーヨー》）、〈輪廻転生という〉荷を降ろしている（ohitabhāro《オーヒタバーロー》）、真理に達して悟っている（anuppattasadattho《アヌッパッタサダットー》）、存在に関する煩悩・束縛はすべてなくなっている（parikkhīṇabhavasaṃyojano《パリッキーナバワサンヨージャノー》）、正しい智慧で解脱に達している（sammadaññā《サンマダンニャー》 vimutto《ヴィムットー》）、そのように、完全に悟った人はどうなるのかというと……

sopi pathaviṃ pathavito abhijānāti; pathaviṃ pathavito abhiññāya pathaviṃ na maññati, pathaviyā na maññati, pathavito na maññati, pathaviṃ meti na maññati, pathaviṃ nābhinandati.

かれは地を地とよく知り、地を地とよく知って地を考えず、地において考えず、地から考えず、〈私の地である〉と考えず、地を歓びません。（※）

その人も、土は土であるとよく知っているのです（abhijānāti《アビジャーナーティ》）。土は土だとよく知っていて、そこから妄想はしません。土について「ああしよう、こうしよう」と妄想しない。「土は私のものだ」とは思わない。たとえば、バラの花だったら、「これは私のバラの花」という感じは生まれない。「このバラの花は、なんていいものだ」という感情は起きないのです。

Taṃ kissa hetu? Khayā rāgassa, vītarāgattā.

なぜでしょうか？　欲（貪欲）が完全に無くなったからなのです。

こうして聖者の学ぶ世界の卒業者になるのです。前の段落で語ったのは一般人の世界です。物事を知って妄想して、たいへんな煩悩の世界を作る。知ると言っても眼耳鼻舌身から入る情報で好き勝手に saññā《サンニャー》（概念）を作る。でも、ブッダの世界は、眼耳鼻舌身から入る情報を勝手に組み立てることをしません。ありのままにみるのです。ですから、abhijānāti（よく知っている）という言葉を使っているのです。

これで、聖者の世界の学びが、俗世間のそれとは違うということがわかったと思います。

六　聖なる世界への入り方

◆まず「知識」のレベルからスタートする

ここまで、聖なる世界と俗世間の差について、詳しく説明しました。ポイントは、俗世間に留まることなく聖なる世界に入ってほしい、ということです。俗世間の人々は、授業を受けて資格を取って、聖なる世界に入らなければいけません。その訓練とは、要約すると、「見解を乗り越える訓練」です。そんなに大それた、難しいことではありません。

道は具体的に、順番に説かれています。

私たちは今、知識に頼って生きています。しかし仏教では、「あなたは知識を乗り越えた『聖なる』世界に入りたいでしょう。しかし、あなたは今、知識中心に生きています。だから、まずそこから始めましょう」と説きます。

仏教以外の宗教では、「まず、信じなさい」というところからスタートします。なんだかよくわからない固定概念、先入観をまず注入する。全知全能の創造神、永遠なる魂、最後の審判など、屁理屈としか言いようのない概念を提案して、「信じなさい、そこから始めましょう」と迫るのです。

仏教では、そういうやり方は決してしません。「みなさんが親しんでいる、知識を使うところから始めましょう」と言うのです。

仏教の学ぶ世界では、人間が備える理解能力を必要とします。理解能力がまったくなければなにも学べないでしょう。ですから、仏教では理解能力を大事にするのです。それから、人間というのは好き勝手な生きものです。それも、お釈迦さまは認めてあげる。「あなたは自ら判断しなさい。世間の考えを気にする必要はない」と仰るのです。

したがって、誰にでもブッダの学校に入る資格があります。知識は捨てなくてもいいし、知識を得るときに使う理解能力もそのままでいい。しかも私たちは、知識を使って自分の好き勝手に判断して生きてきた。それでもお釈迦さまは、「それでよろしい。

理解能力を使って、自ら判断するところから始めてください」と教えていくのです。

◆先入観から離れて理解してみる

そして仏教では、「先入観を離れる」ということも教えます。一つひとつ具体的に、「これは先入観じゃないですか？」と問い直していくのです。

たとえば、ブッダの時代にこんな対話がありました。

ある修行者が、ずっと裸で、身体を洗わずに十年も十五年も修行をしている。お釈迦さまはそんな彼に対して、「そんなことしても、身体が汚れて不潔なだけでしょう？」と諭した。すると修行者は、「仰るとおりですが、私は長い間この修行をやってきたから、今さらやめたくはないのです」と答える。そこでお釈迦さまは、「それはあなたの先入観でしょう？　間違っているとわかってもやめたくはないというのは、自分の意見に固執して、先入観で生きていることでしょう？」と言って、彼を無意味な苦行への執着から解放してあげたのです。

また、お釈迦さまの二大弟子だったサーリプッタ尊者とモッガラーナ尊者は、仏門に入る前にサンジャヤ・ベーラッティプッタという思想家・宗教家の高弟でした。二人はブッダと出会って悟りを開いてから、師匠であるサンジャヤさんにそのことを教えたのです。そして「サンジャヤ先生、私たち二人はブッダのもとで真理を発見しました。ですから、先生もいかがでしょうか。私たちはみんな、真理を探し求めていたのだから、真理に達したブッダのもとに行きましょう」と勧めたのです。

するとサンジャヤさんは、こう答えました。

「わしはインドでゴータマ（ブッダの姓）よりも有名な宗教家じゃ。また、長い間、不可知論の教えを布教してきた。弟子もたくさんいる。じゃから、わしは行かん。しかし、弟子のなかでブッダのもとに行きたい者がいるというなら、行ってもよいぞ」

結果として、サンジャヤの弟子は全員「私たちはこの偉大なる二人と一緒に行きます」と言って、出ていこうとしました。サーリプッタ尊者は、いくらなんでもこれではサンジャヤ先生がかわいそうだと思って、弟子のなかでも智慧のある人を半分選んで、お釈迦さまのところで出家したのです。

◆「なにも参考にするな。自分で判断しなさい」

学びの世界では、「捨てる」ということを学ぶ必要があるのです。これが正しいと思ったら、迷わずそちらに行かなければいけない。いったん正しいと思ったのに、後から間違っていたとわかったら、また別なところに行けばいい。そうやって、いつか真理に達するのです。

私たちが失敗するのは、文化のものさしで理解しようとしたり、歴史に照らして理解しようとしたり、あるいは歴史上の偉人、日本仏教だったら日蓮《にちれん》とか親鸞《しんらん》とか道元《どうげん》とか、そういう人々の言葉に照らし合わせて理解しようとするからです。あるいは、聖書に照らし合わせて理解しようとする場合もあります。これらは「聖なる」学びの世界では、すべてアウトです。

捨てるべきは先入観なのです。ブッダが仰るのは、「なにも参考にするな。自ら判断しなさい」ということです。自ら判断をする正しい仕方は、ブッダが教えてくれます。なにかを参考にしたら、それはもう先入観なのです。

有名な『カーラーマ経』（増支部《ぞうしぶ》経典三集）では、お釈迦さまはカーラーマの村人たちに「自ら判断しなさい」と、学ぶ方法を教えてあげています。

「聖典であっても、神の言葉であっても、伝統であっても、歴史であっても、理屈や論理であっても、なに一つも参考にすることなく、自ら判断しなさい」と仰ったうえで、次のように問答するのです。

「では、あなた方に聞きます。あなたは、欲はいいものか、悪いものかとわかっていますか？」

「私から見れば悪いものです」

「では、欲に基づいて人がしゃべったり、考えたり、行動したりすると、それは清らかな善行為になりますか？ それとも汚れた悪行為になりますか？」

「それは汚れた悪行為になります」

こうやって、カーラーマの村人たちはなにも参考にすることなく、次々と自ら判断を下していきます。それでお釈迦さまは、「ほら見てください。貪瞋痴は悪の根源であり、貪瞋痴に基づいて殺生などの罪を犯すことは間違っていると、あなた方は自分で判断しているのではないか」と仰って、村人たちとの対話を終えるのです。

ブッダの教え方は面白い。「私があなたに教えたわけではないのです。あなたは自分で真理を発見したのですよ」と仰る。自分で発見しようとするときに、間違ってしまう落とし穴は、最初から持っている先入観なのです。現代の言葉で言えば、さまざまな偏見（prejudice）ですね。

◆「どう生きるべきか」を仏教的に学ぶ

ブッダのやり方を使って、物質からアプローチする物理学や生物学を学んでもいいでしょう。しかし、学んだところでたいした結果は期待できません。私たちが困っているのは、「私はどう生きればいいのか？」という問題でしょう。日常生活を送るうえで、物理学について困った経験はおそらくないでしょう。生物学について困ったこともないでしょう。

私たちが知識に頼って見解を作っているのは、「私はどう生きるべきか」という問題のためなのです。だったら、それについて研究したほうがいい。どう生きればいいのか、ということを仏教的に学ぶ。それによって智慧が顕れるのです。

◆こころの汚れを気にする

学ぶことで知識が増えます。自分が知識人であると自慢することもできます。その知識を駆使して、生活することもできます。これは俗世間の学び方です。経済学、科学、文学などの知識を得る人々は、その知識で自分のアイデンティティを作ります。それはこの世で生きるために必要なものです。

しかし、科学者であれ、文学者であれ、知識によって人格者にはならないのです。俗世間の知識は、人格を改良しません。仏教的な学び方の大きな違いは、人格を改良することです。評価に値する知識人は、人格者でもなければいけないのです。知識的に超エリートであっても、性格的に悪人であるならば、人類の役に立たない存在になります。かえって人類にとって危険な存在になる可能性もあります。

学んで知識を得るときは、同時に人格も改良しなくてはいけません。仏教の知識はすべて、人格改良を目指したものです。

俗世間の知識も、工夫すれば人格改良に使えます。

生物学を例にします。植物もその他の生き物も、細胞でできている。細胞の働きは、みな同じです。そこから、人生論を作ってみます。生命を差別することは、生物学的に不可能です。みな同じ存在です。生き続けたいという気持ちは、すべての細胞にあります。その理論をわかった人は、他の生命を生かしてあげる生き方をしなくてはいけない。

そのように、自分が学んだ科学的知識から、科学的な哲学を作っているならば、その人の人格は改良されます。完全にはならないが、歴史学、考古学、経済学などからも、ある程度の人生哲学をつくれます。

俗世間では、知識を増やすことに必死ですが、知識から人生論を作りだすことを無視するのです。人間の知識は増えても、性格的には現代人も原始人とそれほど変わっていません。競争して相手をつぶす生き方は、変わっていないのです。悪感情の制御ができなくなっている。

知識欲だけで学ぶと、傲慢な人間になります。知識欲で仏教を学んでも、同じ結果になります。知識人といっても俗世間的な知識人なら、人格はそのままだと言われても仕方がありません。仏教を学んで、傲慢な仏教学者になったというならば、本末転倒で恥ずかしい話なのです。

では、どのように学べばよいのでしょうか？　まず、自分の性格を理解しましょう。自分のこころにある汚れを発見しましょう。なにを学べばこころの汚れがなくなるのか、人格が改良されるのかと調べて、それを学ぶのです。あるいは、自分が学んでいる知識世界から、人格改良をする方法を自分自身で発見するのです。

◆道徳・戒律を守る生き方

ブッダの聖なる世界に入って学ぼうとしたら、日常生活でも、ご飯を食べるときも、服を着たりするときも、できるだけ、こころが汚れないようにと気をつける。お風呂に入るときも、歯を磨くときも、「こころが汚れないように」と気をつける。友達と話すときも、どこかで外食に行ったときも、こころが汚れないようにしようと心がける。子供の誕生日パーティを開くのはかまいませんが、パーティの最中にも、こころが汚れないように気をつける。

日常でも、こころが貪瞋痴で汚れないように生き方を調整するのです。

具体的には、道徳・戒律を守る。

このポイントは、とくに気をつけてください。智慧というのは、清らかなこころです。道徳がないということは、こころが貪瞋痴で汚れているということです。ですから、「私は道徳・戒律はスルーして、瞑想だけして悟りに達するぞ」という話はちょっと成り立ちません。「わざわざ戒律を守らなくても、悟って煩悩を落としてしまえば、それで終わりでしょう」というのは机上の空論であって、実践的には難しい。お釈迦さまは、

「道徳がある人に智慧がある、智慧がある人に道徳がある（Sīlavato《スィーラワトー》 paññā《パンニャー》, paññavato《パンニャワトー》 sīlaṃ《スィーラン》）」と仰っています（長部経典四『ソーナダンダ経』）。

　といっても、戒律の項目についてはそれほど気にしなくてかまいません。戒律項目がなくても、「こころが汚れないように」と気をつければ、もうすべて解決です。自動的に守られます。特別に修行するときだけではなく、日常生活でも、こころが汚れないように気をつけること。それによって智慧が顕れるのです。

七　聖なる道の歩み方

◆執着がなくなることを目標にする

お釈迦さまは、私たちが「聖なる世界」に達するための、いたって簡単な方法を教えています。それは、「自分のこころの汚れをなくしたい、増やしたくない」と気をつけて頑張ることです。煩悩・執着が減るように、煩悩・執着をなくすように、現れないようにと気をつけて生きるのです。

ブッダの教えを学ぶ目的は、自分のこころを完全に執着がない状態に作り変えることです。しかし、ブッダの説かれた経典を学んだだけではダメです。「私はパーリ三蔵を学びました、注釈書も学びました、全部知っています」という人がいたとしても、それだけではブッダの学校を卒業できません。こころが汚れたままですから。学ぶ経典は、一つだけでも十分です。一つの経典を学んで、とことん頑張ってその教えを実行して、こころ清らかな状態に至ったならば卒業です。

このことは、『ダンマパダ』で「たとえ多くの（ブッダの）教えを学んだとしても、こころを清らかにすることをしないならば、日雇いの給金で他人の牛の面倒をみていることと同じだ」（十九偈）と説かれているとおりです。

インドでは、牛は財産を示す言葉です。牛の世話をする人は、朝から晩まで牛の面倒をみて、水をあげて、餌を食べさせて、夜は牛の数を数えてから牛小屋に入れてあげて、主人から一日分の給料を貰って帰って来る。牛から絞る牛乳やそれを加工して作るヨーグルト、チーズ、バター、ギー（オイル）といった財産はご主人様のもので、自分のものには決してならない。仏教を学んでも、そんな日給で雇われる人間にならないでください、教えを自分の財産にしてください、という意味です。

仏教にはたくさんの教えがあります。しかし、たくさん学んだからといって、意味はありません。仏教を学ぶならば、こころの執着をなくすことを目的としなくてはいけないのです。

◆貪瞋痴がなくなるように注意して生きるのが修行

修行とは、いたって簡単に解説できます。「貪瞋痴を減らすようにしようかな」ということだけです。

怒ってなにかをしてしまうと、それは怒りに誘惑されたことになります。だから、「感情には誘惑されませんせん。今、怒っていますが、怒りに駆られてなにかをすることをしません」と戒める。反対に、欲が出てきたら「今、こころに欲が出ているから、なにもしないで待っていよう」と戒める。まぎれもなく、それが修行なのです。

一般の世界では、感情に誘惑されて生きています。生きがいは感情なのです。修行者は、感情が起きたらなにもしないで、その感情が収まるまで忍耐します。それが修行です。貪瞋痴がなくなるように、弱くなるように、感情に誘惑されないようにと注意して生きることが聖なる道を歩むことです。それが仏道であり、修行です。

◆見解・意見に執着してはならない

まだまだ私たちは悟っていないし、聖者になっていない。だから、どうしても「見解」があります。

「一　聖と俗を分かつもの」で詳しく説明したように、見解とは主観で組み立てられた私見でしかありません。私には私の意見があるように、あなたにはあなたの意見が当然ある。みんな個人で、みんなそれぞれ「私」ですから、それは当たり前の話です。自分が意見を持っているにもかかわらず、相手に向かって「え〜っ！　なんでそんな意見を持つの？」と指さすことはありえない態度です。「これは私の意見です」と言うと、同時に、相手には相手の意見があることになるのです。この事実を素直に認めましょう。

つまり、一時の意見に執着せず、いつでも新たなデータが入り次第、意見を調整する。これは見解を固定しないことです。

現代人にありがちなケースで言えば、テレビで「納豆は美容にいい」と聞いたら、スーパーに駆け込んで納豆を買い占めて食いまくってしまうでしょう。それでいて、たとえば次の日に、「納豆もあまり食べすぎると身体に悪い、ガンになる恐れもある」と聞いたら、もう納豆は絶対食べないと決めてしまう。テレビやネットの健康情報は、毎日のように矛盾したことをセンセーショナルに伝えていますから、みなさんもよく納得できると思います。

私たちは食べ物と流行には飛びつきますが、これは自分の見解を変えたというのとは異なります。日本は戦後八十年近く経っているのに、憲法の問題に始まって、いろいろな政治システム、経済システムを微塵も変えられないのです。現状に固執するあまり、世界は急激に変化して、新たな時代に対応しているのに、日本だけ進化が遅れているようです。これはたいへん危険なことです。そのつどそのつど、状況に対応していれば、ベストではないにしても、いつでもベターな状況でいられるでしょう。

だから、意見というものに執着してはならないのです。私たちは今、まだ悟っていないのだから、当然、意見があります。しかし、その意見にこだわらず、新しいデータが入り次第すぐ訂正するという姿勢を習慣づければ、見解への固執によって智慧の開発が妨げられる弊害を減らすことができるのです。

◆無常を理解する

悟る前であっても、無常を理解することに頑張ってほしいのです。

「これも無常、あれも無常、どこを見ても、なんであっても無常でしかありえないのだ」

と。太陽も無常、家や親類も無常、ブラックホールさえも無常。「私」は無常だし、「私の考え」も無常。どう探してみても、無常でないものは見つからない。そういうふうに世の中を観察してみれば、無常こそ真理だと、こころから納得できるのです。

無常は、「地球は丸い」ということよりも確かな真理です。なぜならば、地球は丸いといっても、完全にきれいな球体ではないからです。地球もまた安定した存在ではなくて、たえず収縮したり膨張したりしているエネルギー体にすぎません。地球といっても、厳密には丸くないのです。ただ、あちこちからのエネルギーで引っ張られるから、丸い形になるしかないだけ。完璧にきれいな球になった試しなんかありません。これは余談ですが。

そういうわけで、「地球は丸い」ということよりも完全で、完璧な真理は、無常なのです。たとえ悟らなくても、それぐらいはみなさんも思考を通じて発見することができます。ですから、「見解からどうしても離れられない」と言うならば、「一切は無常である」ということを見解にしてみましょう。それだけで、智慧の開発が相当に進みます。

◆因果法則を理解する

「これだから、こうなった」「これだから、こうなるのだ」というふうに、いろいろと自分にできる範囲で、身の回りや世の中を因果法則に基づいて観察してみましょう。

物事の因果法則を知ると、こころが落ち着きます。「暖かくなってきたから、花が咲くでしょう」と観察すると、それでこころが落ち着く。「しかし、この時期は、ちょうどいい時期を狙うようによく雨も降りますから、この桜の花もすぐに散るでしょう」「今日は花見には絶好の咲きっぷりですが、大雨が降っているから出かけられませんね」とか、そういうふうに因果法則で考えれば、いつでも落ち着いていられます。

因果法則の全体像はとても深遠で、完全に理解するのは難しいものです。ですから、お釈迦さまは「法則そのもの」のエッセンスを理解することを推奨します。

たとえば、地球がどのように現れて、どのように変化して、今の状態になったのかと、明確に発見することは不可能でしょう。科学者はいろいろ説明しますが、それはいくつかのデータに基づいた推測にすぎません。まったくその通りであるということは言えないのです。

化石が発見されるから、恐竜がいたことは確かです。しかし、「なぜ恐竜が消えたのか?」ということは、よくわからない。推測による仮説がいくつかあるだけです。仏教の場合は、「自分という存在組織はどのように成り立って活動しているのか」と理解すれば、それが解脱に達するために必要な智慧になります。

今から、その準備をしなくてはいけません。身の回りにあるさまざまな出来事の因果関係を観察してみましょう。ロウソクに火をつけたら、炎が現れます。周りが明るくなります。「炎に光がある。だから周りは明るい。炎が消えたら、周りの明るさも消える」。これが因縁のワンセットです。「これがあるから、これがある。これが無くなると、これも無い」という公式を当てはめてみるのです。

炎を観察するときも同じです。「溶けたロウがある。芯がある。空気が流れて燃える。結果は炎である」。これを確かめるために、一つの原因を無くしてみると、炎は消えます。ロウが尽きても、芯が終わっても、空気が無くなっても、炎は消える。このようなシンプルな実験をしてほしいのです。推測しなくても、因縁という法則を理解することができるようになります。

◆「今」の因果関係を調べるだけで十分

人間が「今の現象はなぜ現れたのか？」と調べるときは、あまりにも過去に走りすぎて、観察不可能な過去にまで行ってしまうのです。その結果、現実とかけ離れた妄想概念を作ってしまいます。

たとえば、今の人間を見て、「なぜ人間が現れたのか？」と考える。「親がいたから」という答えが出てくる。その親にも親がいたと推測する。その親にも親がいたと推測する。そうすると、結論に達することができず、終わらなくなります。

ところが、壁にぶつかったら、「最初の人間は神が作った」と、なんの根拠もない妄想概念を作って落ち着く。それは因果法則の発見ではありません。ただたんに、正しくない方法で妄想しただけです。この考えの欠点を見せるために、「ニワトリが先か、卵が先か？」という質問があるのです。これは因果法則を間違って理解するとき、必ず起こるジレンマです。

仏教の因縁論は、一般人が考える因縁論とは違います。「AがあるからBがある」という場合は、「Aが無ければBも無い」ということも証明しなくてはいけません。

ということは、「卵があるからニワトリがいる」のではありません。観察すると、卵がきれいに消えたところで、ヒナが現れます。卵は瞬間瞬間、変化していきます。それで、徐々にヒナの形が現れてくる。それも変化して、ニワトリになったり、ニワトリが歳を取って死んだりする流れになる。そして、「最初の原因はなんなのか？」という疑問が、間違った観察によるものだったと気づくのです。

現実的に観察できない過去の現象を妄想する必要はありません。観察不可能なデータに基づいて、結論に達することはできないからです。観察できる、今の時間の現象の因果関係を調べれば十分です。

たとえば、手に石が当たった。痛みが生じた。石が当たらなかったら、痛みは生じない。因縁関係はそれだけで十分です。「私はいつでも運が悪いから、こんなハメになった」といった、くだらない妄想はいりません。観察できる現実のみを見て、因縁関係を発見しましょう。その能力さえ身につけば、解脱に達するために必要な智慧が顕れてきます。私たちは、日常の生活のなかから、因果法則を理解しなくてはいけないのです。

◆俗と聖のボーダーラインを超える

ここまで説明したのは、ボーダーラインです。みなさんも、意見に執着せず、意見をいつでも変えることができ、「私の意見があるならば、あなたにも意見がある」と認めることができるならば、新たなデータが入ったとき、自分の意見を訂正できる。それから、「一切は無常である」と勉強をして、身の回りで学習してみる。物事の因縁関係を理解しようと励む。

まだ悟ってはいませんが、ここがボーダーラインです。こころはそれなりに、清らかになろうとしているのです。そして、ボーダーラインを飛び越えなくてはいけない。自我・エゴの錯覚が消えたならば、もうボーダーラインを超越した「聖者の世界」の一員です。

「聖なる」世界には、優柔不断な揺らぎが一切ありません。真理を知っているのだから、「どうなのかなぁ?」という疑《ぎ》は成り立たない。真理に対する異論は起こらない。こころに揺らぎが一切ない、徹底した落ち着きに達しているのです。

一切は無常だと観察すると、すべては因果法則で成り立っていると観察・学習していくと、いつかこころが革命を起こします。革命に成功したら、聖者の世界です。

無常や因果法則を学習している間は、聖と俗のボーダーラインにいます。俗人でも聖者でもない中途半端な立場です。でも、それが正しい道です。汚れた、醜い俗世間にどっぷり浸かっているよりは、ボーダーラインにいるほうが正しいのです。

◆聖者の最終ステージへ

自我の錯覚が消えたら聖者ですが、そこからまた、昇格していかなければいけません。最初の預流果（聖者の第一ステージ）に悟れば、大胆な罪は犯せなくなりますが、ときには機嫌が悪くなるし、欲もちょこちょこ出てくる。

そこで、こころに現れる怒りと欲を戒めて、とことん減らすことに成功したら、二番目の聖者（一来果）に昇格します。

欲と怒りは「存在」にかかわる感情です。何度も繰り返し説明したように、生命体の脳には存在欲があって、存在欲があるから恐怖感も湧いてくる。この二つが欲と怒りという感情のボスです。

存在欲にかかわる欲と怒りが両方とも完全に消えたら、三番目の聖者（不還果）に達します。三番目の聖者は、この世に戻ることはありません。もう存在から、ほぼさようならです。

そこから、さらに頑張ります。不還果に達すると、もう欲も怒りも完全に消えているのですが、なんとなく「存在」にだけ引っかかっている。その、「生きているのだ」という、微妙な実感さえも無くします。つまり、無明《むみょう》を完全に砕くのです。無明を完全に砕き終わったら、四番目の聖者（阿羅漢）になっています。それで「聖なる」世界の修行は終了です。

ボーダーラインを飛び越えた「聖なる」世界、出世間の修行は以上です。

次に、聖なる世界とはなんなのか、その中身についても調べてみましょう。

八　パーリ経典から読み解く「聖なる世界」

◆増支部経典にみる「聖なる世界」の中身

ここまでは、俗世間のボーダーラインを飛び越えた「聖なる」世界、出世間の修行についてお話ししました。ここからは、「聖なる世界とはなんなのか?」という内容について踏み込んでみましょう。増支部（Aṅguttaranikāya《アングッタラニカーヤ》）十集のPañcamasuttaṃ《パンンチャマスッタン》（AN 10-127）から重要なところを抜き出します。

Dasayime, bhikkhave, dhammā ekantanibbidāya virāgāya nirodhāya upasamāya abhiññāya sambodhāya nibbānāya saṃvattanti, nāññatra sugatavinayā.

比丘たちよ、ブッダの教えにしか見られない、安穏、離欲、寂滅、寂静、証智、正覚、涅槃《ねはん》・解脱へと必ず導く、十の事柄があります。

ポイントとなる言葉を拾って解説すると、次のようになります。

確実に安穏へと導く（ekantanibbidāya《エーカンタニッビダーヤ》）。欲から離れさせる（virāgāya《ヴィラーガーヤ》）。〔こころを〕寂滅にする（nirodhāya《ニローダーヤ》）。〔こころを〕寂静にする（upasamāya《ウパサマーヤ》）。超越した智慧が顕れる（abhiññāya《アビンニャーヤ》）。〔解脱の〕智慧が顕れる（sambodhāya《サンボーダーヤ》）。涅槃・解脱に達する（nibbānāya《ニッバーナーヤ》）。このような〔聖なる世界に導く〕教えは仏道（sugatavinayā《スガタヴィナヤー》）にしか存在しません。

この内容をよく頭に入れておいてください。聖なる世界とは、仏道以外には存在しないのです。真面目に考えてみると、ほんとうに存在しないのです。完全に執着を捨てることは誰も教えていないのですから。俗世間の知識はどれもみな、執着を教えています。たとえ宗教であっても、執着することを教えています。この世に執着せず、死後の天国に執着しなさいと。

この世の物事に執着する、あの世に執着する、永遠の天国に執着する、極楽浄土に執着する、魂に執着する、神に執着する、人々を助けることに執着する、人々を救うことに執着する……。でも、執着はなんであろうと、俗世間的です。ブッダは、執着しない世界・境地を教えています。ですから、お釈迦さまは「聖なる世界は仏道以外存在しないのだ」と明確に強調します。

◆「聖なる世界」に導く十項目

そして、Katame《カタメー》 dasa《ダサ》?（〈聖なる世界に導く〉十項目とはなにか？）という問いに対して、ブッダは次のように答えます。

Sammādiṭṭhi, sammāsaṅkappo, sammāvācā, sammākammanto, sammāājīvo, sammāvāyāmo, sammāsati, sammāsamādhi, sammāñāṇaṃ, sammāvimutti.

正見《しょうけん》、正思惟《しょうしい》、正語《しょうご》、正業《しょうごう》、正命《しょうみょう》、正精進《しょうしょうじん》、正念《しょうねん》、正定《しょうじょう》、正慧《しょうえ》、正解脱《しょうげだつ》です。

ここで、八正道《はっしょうどう》（八項目からなる仏教の基本的な教え。正見・正思惟・正語・正業・正命・正精進・正念・正定）に二つの項目が加えられています。九番目は正慧（sammāñāṇa《サンマーニャーナ》）、十番目は正解脱（sammāvimutti《サンマーヴィムッティ》）です。

これらの十項目によって、確実に涅槃に達することができるのだ、悟れるのだ、とブッダが仰るのです。これは百パーセントの確率です。

経典では、あまりこの十項目には言及されません。よく知られているのは、八正道ですね。考えてみれば、お釈迦さまは八正道を説かれたので、それを学べば十分なはずです。八正道を歩めば、おのずと正慧と正解脱に達するのですから、道と結果を一緒にする必要はないでしょう。しかし、ここでは「聖なる世界とは、仏道以外に存在しない」というポイントを強調するために、実践の道とその結果を併せて、あえて十項目を列挙しているのです。

この言葉の意味は、一般論ではなく、経典の定義通りに理解しなくてはいけません。なぜかというと、正見と言っても、俗世間で言っている正見ではないからです。正語といえば、「良い言葉をしゃべりましょう」というような、一般人が考える正語ではないのです。

正語とは、人に気にいられるかっこいい言葉をしゃべることではなくて、嘘を避ける、粗悪語を避ける、仲違いさせる噂話（離間語《りけんご》）を避ける、無駄話を避ける、という四項目です。

正命とは職業に関することです。自分の職業で罪を犯さないように気をつけること。殺生にかかわる仕事をやめる。嘘をつかなかったら仕事にならないのだったら、その仕事をやめる。たとえば、殺された動物の肉をさばいてパッケージに入れる仕事をするのはかまいません。それはただの荷物整理ですから。しかし、屠畜工場はやめてほしい。大量のニワトリをベルトコンベヤーに載せて次々に殺して肉に加工するような仕事はやめてほしい、ということなのです。

みなさんはよくご存じでしょうが、正念にしても、「正しい思念」ではないのです。今の瞬間に気づくこと、「気づきの実践」なのです。

八正道は一般人にも理解できるように、それぞれ自分勝手な解釈で実行できるように易しく説かれています。しかし、ほんとうの意味はそれとは違うということも理解してほしいのです。一般人が自分なりに理解して自分勝手に実行しても、ブッダの教えは完全なので、良い道になります。しかし、存在の次元を破って聖なる世界に入りたければ、経典に説かれる定義に従わなければいけないのです。

◆八正道は解脱に達する聖なる道

自分の身《しん》・口《く》・意《い》の行為が悪に陥らないように気をつけることは、俗世間的なレベルの八正道です。身口意の行為が善のみになるように気をつけながら、「なぜそうしなくてはいけないのか？」と観察すると、智慧が顕れます。生命の生きる法則が観えてきます。そうなると、悪行為をしたくなる衝動が徐々に減って、やがて消えてしまうのです。それはつまり、「煩悩が無くなった」という意味になります。

解脱を目指して八正道を実行することは、聖なる八正道と言われます。八正道によって、正慧と正解脱に達するのです。一般人が、八正道の実践レベルをそのように高めるならば、すなわち聖なる八正道に挑戦しているのです。結果として解脱に達したとしましょう。そのこころに、煩悩は一切ないのです。解脱者も、考えたり、しゃべったり、行為をしたりはします。けれどもその場合、俗世間的な目的が裏に隠れていることは決してありません。聖なる八正道とは、解脱者の生き方そのものでもあります。

◆正見に達した聖者は彼岸の人

次に、同じ増支部十集のSaṅgāravasuttaṃ《サンガーラワスッタン》（AN 10-169）の概要をご紹介します。

あるバラモンがお釈迦さまに対して「此岸《しがん》（orima《オーリマ》）とはなにか？　彼岸《ひがん》（pārima《パーリマ》）

とはなにか?」と尋ねました。

釈尊が答えます。

「バラモンよ、殺生すること（pāṇātipātā《パーナーティパーター》）は此岸である。殺生から離れること（不殺生）は彼岸である。与えられていないものを取ること（adinnādānā《アディンナーダーナー》）は、バラモンよ、此岸である。与えられていないものを取らないこと（不《ふ》偸《ちゅう》盗《とう》）は彼岸である。邪淫（kāmesumicchācārā《カーメースミッチャーチャーラー》）は此岸であり、邪淫から離れることは彼岸である。嘘（musāvādā《ムサーワーダー》）は此岸であり、嘘から離れることは彼岸である。離間語（pisuṇāvācā《ピスナーワーチャー》）、粗悪語（pharusāvācā《パルサーワーチャー》）、無駄話（samphappalāpā《サンパッパラーパー》）、異常欲（abhijjhā《アビッジャー》）、異常怒り（byāpādo《ビャーパードー》）、邪見（micchādiṭṭhi《ミッチャーディッティ》）は此岸で、それらから離れることが彼岸である」

このリストによって、お釈迦さまはボーダーラインを教えているのです。いわゆる十《じゅう》悪《あく》で生きているならば此岸にいる人間であって、十悪をやめて十《じゅう》善《ぜん》を行おうとするならば、彼岸を目指して頑張っている人々なのです。

十善の最後である正見（sammādiṭṭhi《サンマーディッティ》）は、八正道の第一です。見解を離れて「正見」に達するように励む。それによって聖者の世界、聖なる世界に入るのです。正見さえ顕れたら、彼岸の人なのです。

◆『カッチャーナゴッタ経』から正見を学ぶ

もう結論は出しました。聖と俗の境目は、「見解があるか、正見があるか」なのです。見解とは俗世間の、ややこしい、苦しみが増える世界です。正見とは落ち着いた世界、わかった世界、疑がない世界です。

ですから、私たちは正見を学べばよいのです。こうして結論に達したところで、次に「正見とはなんなのか？」という疑問がわいてくるはずです。相応部経典の『カッチャーナゴッタ経』（SN 12.15: Kaccānagottasuttaṃ《カッチャーナゴッタスッタン》）から、その疑問への答えを学びましょう。

Sammādiṭṭhi sammādiṭṭhī'ti, bhante, vuccati. Kittāvatā nu kho, bhante, sammādiṭṭhi hotī'ti. Dvayanissito khvāyaṃ, kaccāna, loko yebhuyyena–atthitañceva natthitañca.

「正見、正見」と言われています。尊師よ、正見とはなんでしょうか？　カッチャーナよ、有る（在る）と無いという二つの極端に世間が嵌められている。

私たちの知識はいつでも、存在する／存在しない、有る／無いで判断しています。

この二極に嵌められているのです。

Lokasamudayaṃ kho, kaccāna, yathābhūtaṃ sammappaññāya passato yā loke natthitā sā na hoti.
カッチャーナよ、この世の生起をありのままに、正しい智慧で観るならば、この世に対する「無い」という極端がなくなる。

世は絶え間なく、現れて、現れてくるのです。それを観たならば、「世は無い、無い」という極端が消えます。イエスかノーかどちらかに捉われて真理を知らない私たちの心が転換して、ノー（無）に捉われることは正しくない見解であると理解するのです。

Lokanirodhaṃ kho, kaccāna, yathābhūtaṃ sammappaññāya passato yā loke atthitā sā na hoti.
この世の滅をありのままに、正しい智慧で観るならば、この世に対する「有る（在る）」という極端がなくなる。

俗世間の人間が物事を見るとき、五根を通して物事を知るときは、有る／無い、という尺度で区別しています。お釈迦さまは、それはどちらも極端で間違いであると、もうちょっと観察してみなさいと仰るのです。

有る、有るといくら言い張っても、よく見ると消えていることが見えないでしょうか？　現象が絶え間なく消えていることが見えてしまったら、もう「有る」とは言えなくなります。「有る（在る）」という極端が、そこで消えるのです。

反対に、無い、無い、こんなものは幻覚だ、嘘だ、幻だ……と言っても、世の中でものごとが現われて消えるのが見えるでしょう。そうすると、「無い」という極端も消えるのです。

イエス（有）／ノー（無）の両極端に嵌められている人が、現象が瞬間瞬間、消えていくことを発見するならば、イエス（有）という極端も正しくないと理解します。それで人は、「有無の罠」から解放されるのです。

◆正見によって揺るぎない智慧が顕れる

Upayupādānābhinivesavinibandho khvāyaṃ, kaccāna, loko yebhuyyena.

カッチャーナよ、この世はほとんど、見解に執着して、見解を追い求めている。

私たちは、有るという見解、無いという見解、天国は有るか無いか、神がいるかいないか、ということばかりを追い求めています。神がいると思う人はいるということに執着する、神がいないと言う人はそれに執着する。

Tañcāyaṃ upayupādānaṃ cetaso adhiṭṭhānaṃ abhinivesānusayaṃ na upeti na upādiyati nādhiṭṭhāti–'attā me'ti.

あらゆる見解に執着してはならない。これは「我」である、「私」であると思ってはならない。

みんながやっていることをやってはいけないよ、と言っているのです。見解を作ってそれに執着していると、やがて見解が自分になってしまう。「これが私である」と。これはおそらく、ウパニシャッド哲学に対するお釈迦さまの反論でもあるのでしょう。ウパニシャッド哲学者たちは、あれが私（atta）です、あれも私です、これも私です、というふうに哲学するのです。結局、妄想の達人たちなのですね。
次は結論になります。

Dukkhameva uppajjamānaṃ uppajjati, dukkhaṃ nirujjhamānaṃ nirujjhatī'ti na kaṅkhati na vicikicchati aparapaccayā ñāṇamevassa ettha hoti. Ettāvatākho, kaccāna, sammādiṭṭhi hoti.

生起するのも滅するのも「苦」であると、苦が生じて苦が滅すると、自分で体験して発見することで、疑を乗り越えた揺るぎない智慧が顕れる。それが「正見」である。それは聖者の世界である。

世の中をありのままに見ると、物事・現象が次から次へと現われていく流れを発見します。この現われていく現象は、すべて「苦」なのです。世の中をありのままに観察すると、現象が次から次へと消えていく流れを発見します。消えていくものも「苦」なのです。だから、「苦が現われて苦が消えているのだ」と理解するのです。頭での理解ではなくて、調べて、調べて、調べまくって、研究して、研究して、研究しまくって、自分の身体を通して体験する。そうすると、「真理はこれだ」とわかって、疑が晴れてしまいます。揺るぎない智慧が顕れます。それが正見である、と言うのです。

正見が現れたならば、もう聖者です。

智慧とはたんに頭がいいことではありません。有・無の極端を避けた中正の真理を発見すること、四聖諦《ししょうたい》（苦《く》・集《じゅう》・滅《めつ》・道《どう》）を発見すること、「これがあるからこれは起こる」などの因縁（因果法則）を発見すること、無常・苦・無我を発見することが智慧なのです。そして、そのように真理を発見する人が「聖者」なのです。

◆実体論が消えたら「聖なる世界」へ

私たちのこころは実体論に染まっていて、「モノは有るに決まっているのだ」と信じ込んでいます。「ここにバラの花が『有る』に決まっているのだ」という態度で生きています。こころが実体論で働くあいだは俗世間です。

ところが、事実は、なにも決まってなんかいません。因果法則によって、「バラの花が有るのだ」という幻覚が生まれているだけなのです。幻想が生まれる因縁があるだけです。したがって、「バラが実在する」という証明は成り立たないのです。そういうわけで、実体論に引っかかっているあいだは、俗世間なのです。

実体論が完全に消えて、現象は因縁によって一時的に現れて、消えるのだと発見したところで、「聖なる世界」に入ります。その目標を目指して努力する人は「道の人」です。

道の人とは、ボーダーラインにいる人なのです。

Q&A 法話後の参加者との対話から

◉問1

歯を磨くときも「こころを汚さない」方法とは?

――「歯を磨くときも、『こころが汚れないように』と気をつける」と仰っていましたが、具体的な方法を教えてください。

＊

無常を観察しながら磨く

「ちゃんと歯磨きをして一生、自分の歯を守らなければいけない」とか、「きれいな白い歯でかっこよく見せよう」とか思ったら、それは肉体への執着であって、こころが汚れているでしょう。「私の歯がきれいになりました。さっぱりした」と思っても、やっぱり執着でこころが汚れるでしょう。

そうではなくて、「歯は汚れるのだ。磨いてもまたすぐ汚れるのだ。汚れたらすごく不潔で、自分でも気持ち悪い。だから、この汚れを落として、清潔に保たなくてはいけない。しかし、これは終わらない作業なのだ」という感じに、ありのままを観察しながら歯を磨くのです。

仮に、「歯は勝手に汚れて臭くなるものだな」と思いつつ歯を磨いても、こころは汚れません。「虫歯にならないように」「健康のために」と思って歯磨きしてしまうと、こころは汚れてしまう。ですから、ちょっと無常を観察するように、不浄観をするように、こころを持っていけば、歯磨きしてもこころがきれいに保てますよ。

◉問2

憲法改正についてどう思うか?

——長老はお話のなかで、変化する状況に対応して、憲法もどんどんベターな内容に変えたほうがいいということを仰っていました。現在、日本では戦争放棄をうたった平和憲法が変えられようとしていますが、それについてはどう思われますか？

＊

変えるべきところは変えていく

憲法を変えるときに、改悪するのか、改正するのか、というのは国民の問題です。私の個人的な意見では、平和憲法、憲法第九条は世界にどこにもない内容ですから、誇りに思うべきものだと思います。しかし、外国人の私には関係ないことです。個人的な主観だけで言えば、今やっているのは憲法改正ではなくて改悪ではないか、と思うこともあります。

一方で、日本のなかには「憲法には一切触るな」という方々も多い。私はそちらにも反対です。憲法の理念が現代社会でより生き生きするために、変えるべきところは変えるということも必要ではないでしょうか？　めまぐるしく変化する世界情勢のなかで、日本が生き延びるためになにが必要なのかと考えて、人々が幸福と豊かさを実感して平和に生きられるように、という観点で、憲法を見直していく必要もあると思います。

◉問3

なぜ「得難い」人間がどんどん増えているのか？

――今回教えていただいたariyasacca《アリヤサッチャ》（聖なる真実）とかariyadhamma《アリヤダンマ》（聖者の教え）というのは、地球を見渡しても少数意見で、とても得難い教えだと思います。

ところで、仏典では、人間に生まれ変わるのはとてもたいへんなことだと強調して、海岸で砂を一粒ひろって投げて、目隠しをしてくるくる回って、それから投げた一粒の砂を見つけるぐらい難しいのだ、と説かれているというようなことを以前読んだことがあります。

今、地球の人口は約七十五億です。このariyasaccaというものが、非常に難しい、触れがたい俗世間にあるなかで、なぜこんなに人間がどんどん増えていくのでしょうか？　生命全体の数を私は知りませんが、お釈迦さまの時代からは比較にならないくらい、地球が破裂しそうなほどの人間がいて、今後もますます増えていくという話です。仏典では「得難い」と言われる人間が、なぜどんどん増えていくのか、私のつたない知識ではちょっとわからないので、教えていただきたいと思います。

＊

生命の総数は増えることも減ることもない

仏教的に言えば、人間はそんなに増えていません。増えたと感じてしまうのは、昔の人が一生使った資源より四十倍ぐらい今、一人の人間が食べまくっているからです。歴史学的な根拠はわかりませんが、仏教では、人口が増えて困るとか、昔は人が少なかったということは言っていません。仏教では、人間が自然を大事にして、少欲知足で生きるならば、もっと無茶苦茶に人間がいたほうがいいというスタンスなのです。

問題は、一人の人間を育てるために、お金に換算すれば億単位の費用がかかってしまうことです。私たちが食べまくっているのは、地球の資源でしょう。過剰な浪費を前提にすると、地球にある資源は有限で量が決まっているから、人口が増えることが大きな問題になってしまいます。そんな思考だから、人間社会は暗闇に向かっているのです。

しかし、科学が進歩するならば、農業が進歩するならば、よりたくさん人間がいた方がいいに決まっているでしょう。人間がいるからこそ経済が回るのです。人間が多過ぎて経済が崩れるというのは、どう考えても屁理屈です。そういう変な考え方に乗って、日本も世界も子供を作らなかったから、今少子高齢化が大きな問題になっている。だから金がかかったとしても、若者はたくさんいたほうがいい、それこそが本物の豊かさである、というのが仏教的な評価なのです。

家に子供が六人もいて、着せる服はお古のボロボロばかりだとしても、私はそれってなんて幸せだろうと思いますよ。なぜなら、その場合、資源をできるだけ節約しているのだから。

そういうことだから、仏教は、どちらかというと人口はもっと増やせという立場なのです。そういうふうに直接は言っていませんが、経典の行間をちょっと読むと、人口を増やせというメッセージが読み取れるのです。

輪廻転生といっても、人間が死んで必ず人間に生まれるわけではありません。人間界に生まれる資格を持っている生命は、数えられないぐらいたくさんいます。だから、人間の母胎に入りたいと願う生命が百万くらいいたとしても、チャンスがあるのは一人だけ、というような状態なのです。そういうわけで、生まれるチャンスがあればサーッと人間の人口は増えます。

ちなみに、宇宙を全体的に考えれば、生命の総数というのは、増えることも減ることもないのだそうです。

◉問4

「死ぬのが怖い」と訴える子供にどう答えるか？

——このあいだ、小学六年生の女の子から質問を受けました。「先生、死んだらどうなるの、死ぬのが怖い」と言われたのです。長老なら、それに対して三分間でどう答えますか？「死んだらどうなるの、死ぬのが怖い」に対してどう答えられますか？

＊

恐怖を克服しようとする努力が「生きること」

子供が質問する場合は、周りのことを考えて質問する場合もあるし、漫画を見てそこから感情が出てきて質問する場合もあるし、なんのこともなく過去生の経験から質問する場合もあります。だから、それは区別して答えなければいけません。

その子はまだ小さいので、ふと過去生のことを思い出したのかもしれません。私も子供から同じことを言われた記憶があります。みなさんには役に立たないかもしれませんが、参考までにそのときの話をします。

私は「死ぬのは怖い」と言っていたその子に、「君は死んだことある？」と逆に聞いてみたのです。そうしたら、「あります」という答えが返ってきました。小学生が「私は死んだことがある」と言ったとしたら、みなさんならどう思いますか？「お前、なに変なことを言ってるんだ」と否定するでしょう。

しかし私は、こう答えたのです。

「そうでしょう、あなたは死んだことがあります。でも、今また生きている。だったら、別にどうということはないでしょう、生きているのだから。特別に考える必要はありません。一回だけではなくて、私たちはたくさん死んだことがあるんです。死んではまれてくるということを繰り返してきたんです。でも、生まれたらそれを忘れてしまいます。あなたは忘れないほうがいいですよ」

その子は「うん、わかった」と納得しました。それで終わりです。

私がすぐに感じたのは、あの子はやはりなにかしら、過去に自分が死んだ経験を、そのときの怖かった記憶などを思い出してしまったのだろう、ということです。それで「死ぬのは怖い」と呟いていたのでしょう。おばあさんがその言葉を聞いて、私のところに連れて来たのです。でも、問題は一分以内で終了しました。この例を参考にしてみてください。

次に、質問に対する一般的な答えを出します。

「死ぬことは怖いかもしれませんが、現実的にあなたは経験しているのでしょうか？あなたが経験している怖いものはたくさんあるでしょう。遊ぶときにケガをするのは怖い。お母さんに怒られるのは怖い。宿題を忘れるのは怖い。テストの点数が減るのが怖い。学芸会で発表するのが怖い。いくらでも怖いものがあるでしょう。考えてみれば、生きるっていうことは、怖いというものを乗り越えることでしょう。

怖いという気持ちは現実的です。私たちが、その怖さを克服しようとする努力が、『生きること』です。怖いと思ってなにもしないで止まったならば、それこそ本物の『怖い』なのです。怖いものを克服することが人生だと思って、頑張ってください」

◉問5

子供を正そうとする気持ちをどうすればいいのか？

――私はなんとか自分のことを見るように、自分のこころの内を観察するように一生懸命頑張っています。しかし、私には十歳の女の子がいまして、やはり自分を見ているうちに、その子供のことも心配になって、子供のほうも見てしまうのです。自分を正そうと思うのと同時に、子供の欠点を正すようなことをどうしてもしてしまいます。たぶん自分に執着があるのだと思うのですが、自分と一緒に、強引に正そうとしてしまうのです。

傲慢というか、なんというか、感情的になって怒ってしまったり、イライラしたりします。相手は子供なので、私が気に入ることはしないので、私はいつでも不機嫌になってしまうのです。その子の態度を直そうとするたび、どうしても自分のなかに強烈な自我の働きを感じて、たいへんなことになっています。

これも躾《しつけ》だと思ってやっていることもあって、自分の強引さや傲慢さということを感じながらも、それでも子供にきつく接してしまう自分に、すごく落ち込むというか、なんて難しいことか、という思いがとてもあるのです。どのようにに対応したらいいでしょうか？

＊

こころを汚さずに、ユーモアを交えて躾をしてみる

ほんとうに難しいことだと思いますね、自分の子供なので、どうしても愛着があるものです。他人の子供だったら、「さっさと帰ってください」と言えば話が済みますから。自分の子供だから、どうしたって一生自分が関わることになります。だから、「無視しようかな」と思っても、これはちょっと難しい。「しつこく言おうかな」と思っても、聞いてくれない。そういうふうに、状況は難しいとは思いますが、頑張るしかないのです。

頑張る方法について説明します。今、あなたは自分のこころを見ようとしているのですが、「こころを汚さない」ということはやっていません。こころは自我に塗《まみ》れた

まま、汚れたまま、ということになっています。ですから、もうちょっと進まなければいけません。「問題は子供にあるのではなくて、自分にあるのだ。だから、汚れたこころは持ちません。もし、こころが汚れたら、絶対に子供としゃべりません。子供としゃべるならば、いつでもニコニコした気持ちでしゃべります」と、自分を戒めなければいけないのです。子供への躾、戒めをすることは、後回しにしてください。

だらしない子供を正さなくては、というのは親たちが勝手にそう思っているだけで、実際の子供たちはそんなに悪くありません。悪いような感じに見えても、社会に出たらずいぶん真面目に行動するものです。ただ、親にはそれが見えないだけです。

スリランカのお寺の檀家さんにすごくやんちゃな子供たちがいて、お母さんは倒れるぐらいに苦労していました。いいお母さんで、いろいろ冗談を言って、いろいろ工夫して子供たちの躾をしても、相手はぜんぜん聞いてくれない。

あるとき、その子供たちが私と一緒にいたのです。私といるあいだ、彼らはすごく静かでした。それぞれ自分たちがやりたいこともちゃんとやって、私になんの邪魔もなく、行儀よくしていたのです。私も安心して本を読んでいました。

そのうち、子供たちのお母さんが、「どうせまた子供が悪さをしてるだろう」という気持ちで、顔を真っ赤にして部屋に入って来ました。そこで、私は子供にはわからないように、彼女に英語で聞いたのです。「あなたにできますかね、こういうふうに彼らを静かにさせることは」と。そう訊いたら、彼女は「私にはとても無理です」と素直に認めたのです。

私がなにを言いたかったかというと、「そんなに心配しなくていい」ということです。子供は社会に入ったら、ちゃんと大人しくなってくれます。

しかし、母親には、社会のなかで一人頑張る子供の姿を見ることができません。いくら大人しく、行儀よく、みんなで仲良くいる場合でも、お母さんが入ってきた途端、逆に和合を破りたい放題、という状態になるのです。どうしたって母親には、大人しくかっこよく行動する我が子は見られないのです。

だったら、どうしましょうか？　もし学校の先生とか友達とかが、我が子についてなにか評価していたら、それを聞いてください。外部の人が、「ああ、いい子ですよ」と言ってくれたら、ほんとうにいい子です。心配する必要はありません。「そうですか。でも、家ではちょっと違いますけど」などと返してもいいですが。「そう、いい子なんですか。でも、家ではまったく鬼ですけど」とかね。

そういうふうに言えれば、問題は解決しますよ。そうやって、親も学んでほしいのです。

ですから、まずはお母さんの問題なのです。お母さんが、「汚れたこころは持ちません。汚れたこころで、私は自己破壊するのだ。私自身が自己破壊すると、私は命を預かっている人なのだから、一人ではないのだから、周りも破壊してしまうのだ」とよく学んで、「怒りやわがままでは、一言もしゃべりません」と、しっかりこころに決めてください。

躾をしなければいけない場合は、ニコニコと「お母さんならそんなことはしませんけど、頭の悪い子は仕方がないなぁ」とか、そういう感じで話すことです。「ふつうはこういうやり方だけど、頭のよくない子にはわからないね」というふうに、なんとなくユーモアに躾を入れて話せばいいのです。

子供がほんとうにわからない場合、まったくわからないことを教えなければいけないときは、「これはこうやるんだよ」と優しく正しいやり方を教えてあげる。軽々と楽しく、ニコニコと教えてあげれば結構、聞いてくれると思います。そうやって、まず自分で頑張ってみてください。

第二章　聖者の生き方

――『スッタニパータ』「牟尼経」を読む

一 「牟尼経」とは

◆聖者・悟った人としての「牟尼」

ここからは、「聖者」をテーマにした、ちょっと難しい経典を一つ読んでみたいと思います。『スッタニパータ』に入っているかなり古い経典で、名前はMuni《ムニ》 Suttaṃ《スッタン》(牟尼経《むにきょう》)です。Muni《ムニ》(牟尼)はインドの言葉で聖者という意味です。だいたい、聖者・悟った人という意味になります。

一般的に牟尼というと、「釈迦牟尼仏陀《しゃかむにぶっだ》」と言いますから、お釈迦さまに使う言葉です。インドでは、他宗教でも牟尼という尊称をつける文化があります。お釈迦さまは自分が悟ったと発表したので、一般の方々にしてみたら、「悟ったって、一体なんなのか」と知りたくなるものです。

他宗教で牟尼と言われる仙人たちは、なぜ自分が仙人だと言うのか、説明しません。ただ一般人とはちょっと違った修行まがいなことをやっているとか、森に住んでいるとか、森で取れる木の実しか食べないとか、そういう特色があれば、人は牟尼と呼んで拝んでしまう。だから、そのタイトルが欲しくて、服を着ないで裸で過ごすとか、鹿の皮を着るとか、あるいは木の皮を剥《は》がして身にまとうとか、いろんなことをやっている。あるいは、けっして沐浴しないで、身体を洗わないでいる。そうやって何年も、十年でもがんばる。そういう人々はみんな、「われは牟尼なり」と宣言してしまう。仏教はそういう自己宣伝を禁止しています。でも、お釈迦さまもご自分が牟尼だと仰っているのだから、お釈迦さまには、牟尼とはなんなのか、聖者とはなんなのかと、説明する責任があります。けれども、聖者のこころは説明できませんから、「俗世間の立場となにが違うから聖者なのか」ということだけを、説明するのです。

◆仏教ポエムとしての「牟尼経」

『スッタニパータ』に入っているこの経典は、誰かにしゃべったというより、詠《うた》ったような感じです。現代人だったら文章を書きますが、昔の人は、ただなにかを発表したくなったら、それについて偈《げ》を作ってしまう。偈というのは、現代風に言えば詩です。それを作っておけば、あとは覚えたい人が各自で覚えればいいのです。

それでは「牟尼経」をこれから読んでいきましょう。

二　聖者には「関係」がない

２０７（２０９）

Santhavāto bhayaṃ jātaṃ

Niketā jāyate rajo

Aniketamasanthavaṃ

Etaṃ ve munidassanaṃ

親しみ慣れることから恐れが生じ、

家の生活から汚れた塵が生ずる。

親しみ慣れることもなく家の生活もないならば、

これが実に聖者のさとりである。

（参考和訳：中村元訳『ブッダのことば』岩波文庫より／以下同）

◆牟尼たちの哲学とは

お釈迦さまは、牟尼たちの哲学・考え（munidassanaṃ《ムニダッサナン》）とはこのようなものだ、と詠われています。

Santhavāto bhayaṃ jātaṃ
親しみ慣れることから恐れが生じ、

これは「人々と付き合って、コミュニケーションをとって生活することから、いろいろトラブルが起こるのだ」ということです。それで、こころが乱れるのです。Bhayaṃ《バヤン》はふつう「恐怖」と訳されますが、すごく怖くなるということではないのです。英語ではdanger（危険）と訳していますから。Danger is born from intimacy.（危険は親密な関係から生じる）それだけなのです。

Niketā jāyate rajo

家の生活から汚れた塵が生ずる。

Niketā《ニケータ》は家という意味です。これは象徴的な単語で、家というのは社会、俗世間です。そこで、汚れるのだ(jāyate《ジャーヤテー》 rajo《ラジョー》)と。社会から汚れが生じるのです。関係を持つことで、さまざまなトラブルが起こる。

Aniketamasanthavaṃ
Etaṃ ve munidassanaṃ
親しみ慣れることもなく家の生活もないならば、
これが実に聖者のさとりである。

そこで、家もなく（aniketamasanthavaṃ《アニケータマサンタワン》）、誰と関係を持つこともないことが牟尼たちの生き方である、と説かれるのです。

◆「関係」から解き放たれた生き方

これは俗世間とはまったく正反対の生き方です。

俗世間では、どうやって他の人間と仲良くするのか、どうやって束縛を作るのかと、みんなそればかり追求して、それればかり研究する。家族が幸福である方法とか、社会でうまくいく方法とか、会社でうまくいく方法とか、それしか考えない。

それとはまったく正反対に、仏教では関係があることがトラブルの元だと見るのです。仏教的には、よい関係・悪い関係というものはありません。関係からトラブルが起こるのだったら、関係を切ることが一番簡単な解決策なのですが、俗世間では、「私はこの人との関係ですごく困っています、悩んでいます。どのように関係を直せばいいか教えてください」と聞くのです。そこで仏教は、「関係そのものがトラブルを作るのだ」と教えるのです。

誰かと関係があるということは、その人に依存しているということです。生命としてこの世の中で生きているかぎり、生きること自体も依存しなければ成り立たない。独立した命は成り立たない。だから、関係が二つ（二重）になるのです。

私たち人間は犬を飼ったり、友達を作ったり、家族関係を作ったりして、相互関係を作ります。それがなかったとしても、自然との、他のすべての人間との、なにかしらの関係がなければ、独立しては生きていられません。要するに、ミクロスケールの家族単位の関係と、マクロでの社会とか自然を全部まとめた関係、それらによって自分が生きていることになるのです。でも、関係でトラブルが起こる場合に「関係を切る」ということは、ふつうの人間にはわかるはずがありません。

よく俗世間で「お前とは縁（関係）を切る」と言いますが、それも実際のところ、「愛着の縁を切って、怒りの縁に入れ替える」ことにすぎません。だから、俗世間と違うこの人々は「牟尼」と言われるのです。これは哲学、牟尼の哲学（munidassanam）なのです。家もなく、関係もない。「家」という単語には、社会や家族のことも含まれます。他の関係も含めてなにもないのだというのです。

次の偈に行きます。

三　こころに煩悩を栽培しない

２０８（２１０）

Yo jātamucchijja na ropayeyya
Jāyantamassa nānuppavecche
Tamāhu ekaṃ muninaṃ carantaṃ
Addakkhi so santipadaṃ mahesī

すでに生じた（煩悩《ぼんのう》の芽を）[*1]断ち切って、新たに植えることなく、現に生ずる（煩悩）[*2]を長ぜしめることがないならば、この独り歩む人を〈聖者〉と名づける。かの大仙人は平安の境地を見たのである。

引用者注　＊1：思考・妄想・概念・感情など。／＊2：思考・概念など。

◆完全に独立して歩む

これもちょっと文学的な表現だから難しい。生えてくるもの、生まれてくるものは（yo《ヨー》 jātamucchijja《ジャータムッチッジャ》）、抜き取ってしまう。植えることもしません（na《ナー》 ropayeyya《ローパイエッヤ》）。植物に見立てて考えればわかりやすいでしょう。植物が生えてくるたびに、全部抜き取ってしまう。その代わりに、自分がなにか種を蒔いて作ることもしない。自分の土地でなくてもあちこちに植物が生えていますが、それにも水をあげたり、肥料をあげたりはしない。

とにかくそういう関係は一切なく、一人で（tamāhu《タマーフ》 ekaṃ《エーカン》）、歩むこと（carantaṃ《チャランタン》）。完全独立して、一人で歩む。それが牟尼というんだよと。しかも一人で歩くのだから、こころの安穏に達している（addakkhi《アッダッキ》 so《ソー》 santipadaṃ《サンティパダン》）。こころの安穏に達して、依存するものはなにもいらなくなっているのです。

◆「置き換え」するものがなにもない

これは物質的なことではなくて、こころの状態なのです。こころに現れてきたものを、全部取り除いてしまう。新たになにかをこころに育てることもしません。たまたま勝手に現れることがあっても、丸っきりそれを育てないで放っておく。植物にたとえているのですが、こころの状況です。こころの煩悩は全部なくしてしまう。その代わりに別のなにかの感情を植えることはしません。ここに、ちょっとした勉強をすべきポイントがあるのです。

私たちはだいたい物事に「置き換え」で対応します。たとえば、怒りたくないとする。では怒らないためになにを考えればいいか、というふうに、なにか置き換えるものを探すのです。ふつうはそうなのですよ。

こころでいつでも汚れたことばかり考えて、妄想ばかりして、精神的に病気になって、仕事もできなくなったとします。そこで私たちは、「じゃあ、別の思考で置き換えよう」と考える。「ズーッと慈悲の言葉を唱えよう」などと考える。そうやって、俗世間にある危険な思考を「慈悲の思考」に置き換えてしまう。

聖者はそうではなくて、こころにある煩悩をぜんぶ取り除いて、なにも植えない。他の感情も、新しく入れ替えることはしません。だから、欲がなくなった。その代わりには？　なにもないのです。欲がなくなった。ただそれだけです。「そんなこと言っても、なにかほかの気持ちがあるはず」と探したところで、なにもない。そういう、こころの状態なのです。

◆外から運ばれた種に水をあげない

Jāyantamassa nānuppavecche

現に生ずる（煩悩*）を長ぜしめることがないならば、

引用者注　*：思考・概念など。

たまたま生まれたものかもしれないけれど、植物で言えば、自分が種を蒔くことはしないかもしれないし、自分の周りにあった植物は全部キレイに抜いてしまったかもしれないけれど、それでも、そこからなにか生えてくるかもしれないけれども、それにも水はあげないんだ、ということです。

どういうことかというと、悟ったこころがなにもない（suñña《スンニャ》）、空《くう》、ゼロになっても、もしかすると人としゃべることはあるかもしれません。誰かに質問されたり、悩み事を話されたりするかもしれない。そのときは、たとえ牟尼・聖者であっても答えなくてはいけないでしょう。質問に答えるということは、相手がもっているアイデアが、空のこころに入ることです。でも、聖者のこころには、相手のアイデアが入っても、それはそのまま消えてしまう。

ほんとうは、私たちのこころのなかでも、誰かが言ったことはすぐに消えているのです。消えるのに、私たちはそれをわざわざ、こころのなかでリピートしてしまう。繰り返し考えてしまう。「あの人はあんなことを言った、こんなことを言った、こういうことも言った」などと頭のなかでリピートして、忘れられないようにする。だから私たちに誰かが質問をしたら、ずっと覚えているのです。「あの人はこういう質問しました」「あの人は私にこういうことを言った」となって、すぐに忘れたりしませんね。そうやってリピートすることで、私たちは種に栄養をあげているのです。外から飛んできただけの種なのですが。

よくあることで、社会でなにか事件があって、そういう情報を耳にしたり見たりすると、自分には関係ないのですが、こころのなかでそれについて考えたり、議論したりして、栄養をあげる。そうやって、誰かの感情を、自分に移植したことになる。でも、ほんとうのところは、自分には関係ないのです。

◆牟尼のこころには煩悩を育てる栄養がない

たとえば、今の首相の後継者には誰が相応しいか、そういったことも考えてしまいます。自分に関係がない種にもわざわざ栄養をあげて、育ててしまう。ほんとうは風が運んできた雑草の種なのに、栄養をあげてしまう。「アメリカがやっていることは危険ではないか？」とか、「北朝鮮の振る舞いはけしからん。恐ろしい脅威だ！」とか。自分に関係がないことでも、情報という種は、どんどん風に乗って入ってくる。入ったらこちらで栄養をあげて、トラブルを惹き起こす怒り・嫉妬・憎しみ・悲しみ・不安などなどを育てるのです。

そういう一般人に起こるこころのプロセスは、聖者のこころにはありません。まったく全部取り除いてしまっている。新しく種蒔きもしません、風に吹かれてきた種があっても、そのまま放っておいて、わざわざ育てることはしません。実際の地面の場合、風に吹かれてきた種が落ちれば、勝手に育ちますよ。でも、これはこころの話だから、自分から栄養をあげないかぎり、育ちません。

栄養をあげないというより、自分のこころに世間から入った雑草の種には、栄養は

「ない」のです。牟尼・聖者であっても他人の話は聴きます。人の喧嘩も聴きます。誰かがものすごく怒っているならば、恨んでいるならば、それも理解します。そうすると、その時点で、恨みを理解し、妬みを理解したことになるでしょう。かといって、自分のこころに恨みや妬みが生まれることはない。一切の煩悩は生まれません。牟尼のこころには、煩悩を育てる栄養がなにもないのです。

四　こころに生じるイベントを管理する

２０９（２１１）

Saṅkhāya vatthuni pahāya bījaṃ
Sineha massa nānuppavecche
Sa ce muni jātikhayantadassī
Takkaṃ pahāya na upeti saṃkhaṃ

平安の境地、（煩悩の起こる）基礎を考究して、そのたねを弁《わきま》え知って、それを愛執《あいしゅう》する心を長ぜしめないならば、かれは、実に生を滅ぼしつくした終極を見る聖者であり、妄想をすてて（迷える者の）部類に赴かない。

◆終わらない膨大なイベントの流れ

Saṅkhāya vatthuni pahāya bījaṃ

平安の境地、（煩悩の起こる）基礎を考究して、そのたねを弁《わきま》え知って、

仏教を哲学として学ぶとき、この偈がよく使われます。しかし、これはなかなか訳もできない、意味が難しいところです。日本語訳すると、美しい詩《うた》にならないのです。日本語だけではなく英訳するときも、単語がなくて困るところです。だから、意味を補って解説するしかありません。一つひとつの対象、眼・耳・鼻・舌・身・意からあらゆるものが入るのだから、入っていろいろと概念が生まれて、対象が現れる。なにか出来事が起こるのです。花が開いたらそこで、「あ、花です」とか、ちょっとしたoccasion（出来事）が頭のなかでできあがってしまう。「ここを見たら、虫が穴を開けている」という具合に、そうやって、頭のなかでひとつのエピソードというものが瞬間瞬間に現れるのです。エピソードというか、イベントです。

私たちは見るたびに見るたびに、いつでも頭のなかにいろんなイベントが現れて、

現れてくるんです。

これは、日常を生きる誰にとっても同じことで、決して避けることはできません。このホール（法話の会場）に入った瞬間に、ある形のホールが見える。一つ、頭のなかでイベントができあがる。それで、みなさんを見たら、別のイベントができあがる。こちらを見たら、舞台が見えますから、また別なイベントができあがる。そうやって、すごいスピードで、目を通して、膨大なイベントの流れが起こるのです。

それだけで終わりません。耳からも同じです。身体からも、いろいろなイベントができあがる。Saṅkhāya《サンカーヤ》 vatthuni《ヴァッツニ》 pahāya《パハーヤ》 bījaṃ《ビージャン》 とは、このように「こころのなかで、一つひとつイベントが現れることをよく知っている」という意味になります。

◆煩悩・自我の器にイベントを入れずに捨てる

なにかを見て、「花だ」と知るイベントは、そんなに問題はありません。それに引っかかると問題なのです。引っかかって、コピーしてコピーして、忘れることが不可能になる。

たとえば車でも、運転していて、危ないところにちょっとぶつかりそうになった。

それで、瞬間にブレーキをかける。それが一つのイベントです。つまり、自動車がなにかとぶつかりそうになって、ブレーキを踏んで終わったと。それでイベントは客観的に、問題なく終わります。

でもそのとき、一瞬「はっ」とすることがあるでしょう。あれは煩悩なのです。「あ、よかった」「危なかった」などと言うでしょう。それで、ちょっと神経が参ってしまって、運転できなくなってしまう。

ですから、出来事が起こるところまではいいのですが、次に出来事をコピーするところが問題なのです。世間で起こるイベントは管理できません。そこで、私たちはこころに、栄養たっぷりの煩悩の器を作って、自我という器を作って、そちらにイベントを入れてしまう。煩悩の器のなかに、そのイベントがズーッと入ったままになるのです。だから、一回事故を起こしそうになったら、その人はそれから、二十年でも四十年でも、死ぬまででも、思い出して怖くなることができます。

なぜならば、あの種（bīja《ビージャ》）を、栄養たっぷりの煩悩の器に入れたからです。このプロセスを、牟尼＝聖者は知っています。だから、種を捨ててしまう（pahāya《パハーヤ》 bījaṃ《ビージャン》）。育てることはしない。それから、そのイベントに対して、つねになんの感情も作らない。なにかにかかわる煩悩は、絶対作らない。その人は、輪廻《りんね》の停止を知っているのです（jātikhayantadassī《ジャーティカヤンタダッスィー》）。知るべきものはすべて知り尽くしているのです。

◆俗世間の概念では聖者の境地を説明できない

「そのような牟尼をどのように理解するべきか」という問いに対して、takkaṃ《タッカン》 pahāya《パハーヤ》 na《ナ》 upeti《ウペーティ》 saṃkhaṃ《サンカン》 と説かれています。人間の思考範囲では理解できない、理論を組み立てて「聖者とはこのような存在である」と結論に達することもできない、という意味です。

Takkaṃ《タッカン》というのは論理的な思考のことです。一般知識人たちは、論理の達人です。論理を駆使すれば、なんでも理解できると思っている。「論理的ではない」という場合は、「相手の言葉は事実ではない」という意味にもなります。

しかし、聖者のこころはどのようなものかと、論理立てて結論に導くことは不可能で、あり得ないのです。

論理を立てるためには、概念が必要です。論理を立てるとは、頭のなかにたまっている概念を整理整頓して新たな概念を組み立てることです。人は新しい考えが起きたと思ってはいるが、実際、こころのなかにすでにあった概念を別な形に組み立てたにすぎません。ですから、聖者のこころはどのようなものかと、聖者でない人が論理を立ててみても、その人は俗世間的な概念を組みなおして別な形の概念にしただけです。その新たな概念も、俗世間的な概念なのです。聖者のこころの状況ではありません。

◆座布団にガラスの気持ちはわからない

そういうわけで、聖者の境地は、概念では達することができないのです（na《ナ》 upeti《ウペーティ》 saṃkham《サンカン》）。俗世間の汚れた概念では、牟尼は理解できないのです。なぜなら、牟尼は、すべてのこころに起こるイベントに対して、今の状況はこういうことだと、全部知っている。しかし、そこから苦しみを惹き起こす、煩悩や自我というこころのなかの器は捨ててしまった。だから、牟尼にも花は見えます。一般人と同じように花は見えるけれども、牟尼のこころにはなにも入りません。イベントを留めておく器が、牟尼のこころにはないからです。

たとえば、ガラスにちょっと水をこぼす。座布団の上にも水をこぼす。同じでしょうか？　ちゃんと計算して、水を十ミリリットル、ガラスにこぼす。同じく十ミリリットルを座布団の上にこぼす。水でわかりにくかったら、インクでもかまいません。ガラスの上にこぼして、座布団の上にもこぼす。どちらが困りますか？

ガラスの場合、全然困る必要はありません。拭き取れば、すぐに落ちる。しかし座布団の上に落ちたインクは染みついて、中まで染み込んでいて、まったくお手上げです。どう頑張っても、痕《あと》は消せませんね。すごい影響を受けたんです。壊れたんです。

一般人のこころはそういうもの、座布団みたいなもので、悟った人、解脱に達した人のこころはガラスみたいなものなのです。座布団が「なんでお前は汚くならないのか」とガラスに聞いてもガラスにはよくわかりません。座布団の特色は、液体が触れたらそれを吸収することです。しかし、ガラスは液体を吸収しないでサッと表面で流してしまう。ガラスにしてみたら「あなたの質問の意味がよくわかりません」と答えるしかないのです。

そういうわけで、世間がどんな哲学・概念を持ってきても、悟った人のこころはこういうものだと理解することはできません。言葉・単語はないのです。ですから、〈聖者について〉考えるのをやめてください（na upeti saṃkham）。正確に訳すならば、「〈聖者は〉考えることに入らない。考えられる範囲には入らない」ということなのです。

五　一切の「生まれ」に興味を抱かない

２１０（２１２）

Aññāya sabbāni nivesanāni
Anikāmahaṃ aññatarampi tesaṃ
Sa ve munī vītagedho agidadho
Nāyūhatī pāragato hi hoti

あらゆる執著《しゅうじゃく》の場所を知りおわって、そのいずれをも欲することなく、貪《むさぼ》りを離れ、欲のない聖者は、作為によって求めることがない。かれは彼岸《ひがん》に達しているからである。

◆知っているけれど興味はない

Aññāya sabbāni nivesanāni
あらゆる執著《しゅうじゃく》の場所を知りおわって、

これは、「すべての住むところは知っているのだ」ということです。いわゆる、生命ならどこに住めるか、どこに生まれるか、ということを、牟尼は全部知っているのです。命は動物として現れるし、人間としても現れるし、神々としても現れる。いろいろな次元でいろんな形で生命が現れる。輪廻転生《てんしょう》するのです。死んだ生命が現れる場所、現れる姿というものを、牟尼はすべて知っているのです。

たとえば、地獄というレベルがあることを知っている。そこに生まれる原因も知っている。畜生という世界があることもよく知っている。どういうふうにすれば、畜生に生まれ変わるのかも知っている。けれども、興味はありません。

餓《が》鬼《き》道《どう》についても、生命がどのような生き方をすれば餓鬼道に生まれるのか、という資格は知っている。でも、餓鬼道に興味はありません。

そして、人間界がありますね。生命がどのような行為をして、どのような資格をとったら人間として生まれるのかと、知っている。しかし、人間界に興味はない。

生命がどのようにすれば天界に生まれるのかは知っている。しかし天界には興味がない。生命がどのようにすれば梵天界に生まれるのかは知っている。しかし、自分では興味がない……。

「私は死後、あちらに行かなくては」という希望も願望も一切ない。生まれについて、微塵も興味を感じないのです。

◆執着がないから興味を感じない

興味を感じない理由を説明します。それは、執着（執著）という感情の問題です。死後、天界に生まれたいと思ったら、その人は天界に期待している。天界がよいところだと評価しているのです。天界に生まれ変わりたいがために、愛着・執着を持っている。こころの流れが、天界向きになっているのです。

かといって、必ず天界に生まれ変われる、という保証はありません。なぜならば、こころには生滅して流れるためにエネルギー（業《ごう》）が必要だからです。天界に生まれたいという愛着を抱いても、死後こころが天界に赴くためにはそれ相応の業のエネルギーが必要になります。

畜生に生まれ変わりたいと執着を抱いたら、問題は簡単です。こころはもともと汚れているから、汚れた方向に回転するのは難しくありません。不善業ならば充分にあります。

でも、梵天に生まれたいと愛着を抱くならば、瞑想してサマーディ（禅定《ぜんじょう》）に達しなくてはいけません。禅定のエネルギーが、死後、梵天界に赴く力になります。

なにかに執着するのは仏道ではありません。なぜならば、すべての現象は無常だからです。すべての現象は因縁によって成り立つからです。因縁によって成り立った現象は、すべて壊れる性質を持っています。真理を知っている聖者が、いかなる生まれにも興味を抱かないのは、すべての現象は無常で、執着に値しないものだと発見しているからです。聖者のこころは、愛着（vītagedho《ヴィータゲードー》）から離れて、無執着（agidadho《アギダドー》）に達しているのです。

◆牟尼は三界に期待なし

Anikāmahaṃ aññatarampi tesaṃ

そのいずれをも欲することなく、貪《むさぼ》りを離れ、欲のない

要するに、「生命の世界、輪廻の世界になに一つも期待しない」ということです。三界《さんがい》とも言うし、三世界とも言われる一切の生命次元に興味がないのです。仏典では、生命次元を欲界《よっかい》・色界《しきかい》・無色界《むしきかい》と三つに分けています。あるいは、五道《ごどう》とか六道《りくどう》とか言ったりします。そんな精密なことは人間は知らないので、死んだら天国に生まれたいとか、神と一緒になりたいとか、いろいろと妄想している。どこかで「生まれ」に期待している。死後、どこかに行くことを期待しているのです。

死後、なぜ新しい生命が現れるのかというと、今のこころに期待というエネルギーがあるからです。牟尼はそれも知っているのです。知っている人が牟尼なのです。「ああ、神々の次元ならば別に悪くない」とか、「死後は梵天に決める」とか、そういう欲も期待もなんら成り立たない。だから、生まれて死ぬ、生まれて死ぬという輪廻の

サイクルに巻き込まれることはない。流されることはない。

この偈は、「輪廻のカラクリからうまく逃げて、彼岸（涅槃《ねはん》）に達している。それが牟尼だよ」と言っているのです。

六「すべて」を乗り越えている

２１１（２１３）

Sabbābhibhūṃ sabbavidum sumedhaṃ
Sabbesu dhammesu anūpalittaṃ
Sabbañjahaṃ taṇhakkhaye vimuttaṃ
Taṃ vāpi dhīrā munim vedayanti

あらゆるものにうち勝ち、あらゆるものを知り、いとも聡明で、
あらゆる事物に汚されることなく、
あらゆるものを捨て、妄執が滅びて解脱した人、
——諸々の賢者は、かれを〈聖者〉であると知る。

◆「すべて」とはあらゆる生命のこと

Sabbābhibhūm《サッバービブーン》は「すべてを乗り越えている」。Sabbavidum《サッバビドゥン》は「すべてを知っている」。Sabba《サッバ》は「一切」と訳される単語ですが、だいたい生命を意味します。一切（生命）を知っていて、一切（生命）を乗り越えている。

一切、すべてということは、人間には考えることができません。人間は偉そうにあれこれ考えるのですが、ほとんど屁理屈ばかりです。すべてはなんなのかと、知っているつもり。でもほんとうは、sabba＝「すべて」という単語は人間には理解できないのです。単語はあるのですが、理解して使っているわけではありません。

「すべて」という言葉は日常的に使えます。しかし、使う場合は、どんな迷信でもいいし、どんな行為でもいいから、なにかの対象につけておかないと意味がありません。私たちが「すべて」と理解するのは、ある有限的ななにかなのです。誰かに「皿を洗っておいてください」と頼んで、「すべて終わりましたよ」と報告が来る。でも、「すべて」終わってはいないのです。「ある限定された空間にある皿を、全部洗った」という意味なのです。

ですから、「すべて」という単語は、なにか有限的な、限定的な、相対的な物事に使わなくてはいけません。そういう副詞としてなら「すべて」を使えます。

受験勉強をしている若者に「あんた、まだ勉強している？」と訊いたら、「もうすぐ、すべて終わりますよ」と言うでしょう。受験を終えて合否発表を待っているときには、「試験科目はすべて終わりました。あとは結果を待つだけです」と話すでしょう。そのように、「すべて」とは、有限的な対象に使う副詞なのです。そこをわかっていないから、西洋哲学などでは、すごく混乱した議論をしているのです。

聖者・悟った人は、すべて・一切を知っている。「すべて」とはなにに対して言っているのかといえば、生命なのです。生命について、すべて知っている。それ以上、知ることはなにもないのです。「神はすべてをご存知だ」などといった屁理屈ではなくて、「一切の生命のことを知っているのだ」と対象を明確にしているのです。

◆生きることのテストにすべて合格する

先ほど出てきた「すべてを乗り越えている」（sabbābhibhūṃ）とは、「生きるということのテストにすべて合格した」という意味です。もうなににも引っかかりません。

生命というのは、生を享《う》けた瞬間から、ずっと受験中のような感じで緊張して生きていなくてはいけない。命が現れたら、その生命体は、死ぬまでいろんなことをやらなくてはいけない。決して、止まれないのです。犬だったら、犬としての生を必死で頑張らないと死にます。猫になったら、猫としての生を死ぬまで頑張らないといけない。人間だったら、人間として死ぬまで頑張らないといけない。

つまり、生きるということは、黙って死を待つことではないのです。そんな楽はできません。怠けている場合ではないのです。生きることはたいへんです。必死でやらなくてはいけない。まるで受験中のような感じなのです。合格率がすごく低い、超難関の受験をしている最中。というか、勉強中なのです。

しかし、牟尼の場合は全部超えている。ということは、勉強が終わったのです。生命として、命が現れて、延々と死ぬまで苦労して、また生命として現れて、また死ぬまで苦労して、という果てしないサイクルが、すべて終わりました。そういうふうに言えるのです。

生きることが終わった牟尼のこころには、ちょっと想像を絶する落ち着きがあります。そういうと、暗いことのように感じるかもしれませんが、生きることというのは、とんでもなく苦しい作業ですから。猛烈な勉強を強いられる、受験勉強中なのです。寝たくても寝られません。しかも神になろう、人間になろう、犬になろうということはゴールではなくて、そのなにかになったら、新たな宿題をやらなくてはいけない。決して、休むわけにはいきません。中止できません。輪廻する生命にとって、休むことはありえないのです。

私たちが、一日でも呼吸を休んでしまったら、どうなりますか？　生まれたときから死ぬまで呼吸するのはたいへんでしょう。空気が乾燥したらマスクをしなくてはいけないわ、それでも風邪は引くわ、めんどうくさいでしょう？　「だったら一日だけ、呼吸を休んでみます」。そういうことってありえないでしょう？　風邪ウイルスが入ろうが、スギ花粉が入ろうが、喉が痛かろうが、そういうことと関係なく、呼吸しなくてはいけない。空気にいろいろな毒が入っていたとしても、知ったことではなく、呼吸しなくてはいけない。

そのように、生きる戦いというのは、終わりなき戦いです。死ねばいったん終わるように見えますが、即座にまた新しい生命が形作られてしまう。生きることを諦めないのです。生きることに飽きないのです。それが面白いところです。いくら苦しくても飽きない。楽しいかといえば、全然楽しくない。文句ばかり言っている。でも、聖者の場合、そのサイクルを抜けています。超難関受験に合格して、気楽にいられるのです。

◆賢者とは生命のすべてを知っている人

繰り返しになりますが、sabbavidum は「すべてを知っている」、つまり「生命のすべてを知っている」という意味です。ゆえに智慧がある賢者なのです。

ブッダとか聖者には、答えられない質問は存在しません。しかし、それは生命に関する質問でなければ意味がないのです。「地球はどれくらい重いですか?」とか、「このマイクスタンドの高さはどれくらい?」とか、そんなのは測ってみればわかることですから。そういう、誰でも知っているどうでもいいことではなくて、生命に関わる問題、生き物に関わる問題について、牟尼に答えられないことはなにもないのです。すべてを知っているからです。

◆一切に執着しないこころとは

Sabbesu dhammesu anūpalittaṃ

あらゆる事物に汚されることなく、

これは、「いかなる現象にも執着しない」、とらわれないという意味です。一緒にいるのだけれども、とらわれない。水銀とガラスみたいな感じです。

水銀はガラスの容れ物に入れて持ち運びますよね。その際、器のガラスが濡れるかというと、濡れません。ガラスにはなんの関係もない。そのまま、スルッと水銀は落ちる。でも、ガラスの容れ物に水や油を入れたら、跡がつく。ガラス容器に油を入れて、使い切ったら、また容器を洗わなくてはいけない。念入りに油分を洗い落として、きれいに拭かなくてはいけない。しかし、水銀を入れたら、そのままこぼせばいいのです。なにも残りません。

仏典では、そのような牟尼の心境を、蓮の葉についた水一滴にたとえています。池には蓮の葉がいっぱいあるでしょう。蓮の葉にたまたま水が一滴落ちたら、きれいな球形のまま留まる。葉がちょっとでも動いたら、水はスルッと落ちる。そのとき、蓮の葉は濡れません。水があるのに、蓮の葉は濡れない。
池に噴水を作って、そこに風が吹いたりしたら、周りがびしょ濡れになるでしょう。でも、蓮の葉は水がかかってもなんの影響も受けない。噴水の水が降り掛かっても、蓮の葉には関係ない。水が葉の上に落ちても、そのままポロポロと跡も残さずこぼれてしまう。牟尼のこころの状態は、そんな状態なのです。

Sabbañjahaṃ taṇhakkhaye vimuttaṃ
Taṃ vāpi dhīrā muniṃ vedayanti
あらゆるものを捨て、妄執が滅びて解脱した人、
――諸々の賢者は、かれを〈聖者〉であると知る。

だから、牟尼はなにものにもとらわれない。すべてを捨てている（sabbañjahaṃ《サッバンジャハン》）。渇愛を根絶して（taṇhakkhaye《タンハッカイエー》）、自由になっている（vimuttaṃ《ヴィムッタン》）。捨てて、捨てて、渇愛をなくして、こころは自由になっているのです。

牟尼というのはそのような人である（Taṃ《タン》 vāpi《ワーピ》 dhīrā《ディーラー》 muniṃ《ムニン》 vedayanti《ヴェーダヤンティ》）と、「理性のある人々は牟尼をこのように理解するのだ」と、説明しているのです。

七　こころはいつもサマーディ状態

212（214）

Paññābalaṃ sīlavatūpapannaṃ
Samāhataṃ jhānarataṃ satīmaṃ
Saṅgāpamuttaṃ akhilaṃ anāsavaṃ
Taṃ vāpi dhīrā muni vedayanti

智慧の力あり、戒《いましめ》と誓いをよく守り、
心がよく統一し、瞑想（禅定《ぜんじょう》）を楽しみ、落ち着いて気をつけていて、
執著から脱して、荒れたところなく、煩悩の汚れのない人、
——諸々の賢者は、かれを〈聖者〉であると知る。

◆牟尼の禅定に努力はいらない

ここもまた、「知識ある人は牟尼をこういうふうにも理解するのだ」という偈です。Paññābalaṃ《パンニャーバラン》は「智慧の力がある」という意味です。牟尼の力とは智慧の力なのです。Sīlavatūpapannaṃ《スィーラワトゥーパパンナン》は「完全に道徳的である」。道徳（sīla《スィーラ》）に関する間違いということは、一切起こりません。間違いを起こすためには、煩悩がないといけませんからね。煩悩がないから、間違いはまったく起こせません。行為は完全なのです。Samāhataṃ《サマーハタン》は「こころはつねにサマーディ状態である」。牟尼はこころが乱れません。乱れる理由がないからです。ですから、聖者は別に瞑想してサマーディを作らなくても、つねにサマーディのこころでいます。なにかを見たとしても、聴いたとしても、感じたとしても、こころは混乱しないのですから。なにかイベントが起きたところで、「ああ、ヤバイ」ということがないのです。

そういう牟尼のサマーディと、ふつうの人が瞑想して達するサマーディとは、また違います。なぜ違うかというと、みんな必死に頑張って、一つの対象に集中して、やっと禅定に成功する。成功しても、こころは無常だから長続きしません。集中力を上げても、ある時間が経つと、それが落ちてしまう。ふつうの人も、瞑想したらサマーディ状態に達しますが、そういう方は、十分か、二十分か、三十分かという時間しか続かないのです。とことん頑張って、三十分から一時間もサマーディでいられたとか、二時間もサマーディでいられたとか、威張ることはできます。しかし、五～六時間も続けてサマーディに入るのは無理です。一般人のこころには、そこまで集中力を支える力はないのです。

たとえば、長い棒を持ち上げて、もっと上げようとする。棒にはいろいろカラクリが仕組まれていて、どんどん上に伸ばすことはできる。伸び切ったら、下からもう一本棒をつなげて、もっと上に伸ばせる。そうやって、どこまでも伸ばしたとしても、結局リミットがあるでしょう。ある高さになったら、自重でグニャッとしなって、倒れてしまう。

サマーディというのは、そうやってこころを上に伸ばし続ける努力なのです。いくら上に伸ばしても、ある地点になると、こころが落ちてしまう。

しかし、煩悩がなくなったら、そういう限界はありません。聖者はこころに煩悩がないから、サマーディ状態で得られるこころの安穏が、いつでもあるのです。こころが揺らがない状態に達しているのです。

◆煩悩がなくなった牟尼のこころ

次の jhānarataṃ《ジャーナラタン》というのは、「瞑想することは楽ちんである」という意味です。あえて特定のサマーディに入ろうとしても、一般人のように苦労せず、そんな程度のことは……という感じで、すごく楽に入れる。それから、satīmaṃ《サティーマン》は「つねに気づきがある」。

そして saṅgāpamuttaṃ ですが、saṅga《サンガ》は束縛という意味で、煩悩の同義語です。私たちはいつもなにかに自分のこころをロック（lock）したがっています。私たちのこころは、いつでもロックするために必要な金具を持っている。なにか対象を見たら、そこに自分のこころをカチッと繋げてしまう。牟尼のこころには、この煩悩の働きがないのです。Saṅgāpamuttaṃ とは、「saṅgā を脱している（pamutta《パムッタ》）」という意味です。つまり、煩悩がないということです。

Akhilaṃ《アキラン》 anāsavaṃ《アナーサワン》は、これも「煩悩がない」「汚れがないこころでいる」という意味です。そのようにも、聖者のことを理解することができるのです。

八　怠けることなく独り歩む

213（215）

Ekaṃ carantaṃ muniṃ appamattaṃ
Nindāpasaṃsānu avedhamānaṃ
Sīhaṃva saddesu asantasantaṃ
Vātaṃva jālamhi asajjamānaṃ
Padumaṃ va toyena alippamānaṃ
Netāramaññesamanaññaneyyaṃ
Taṃ vāpi dhīrā muni vedayanti

独り歩み、怠ることのない聖者、
非難と賞賛とに心を動かさず、

音声に驚かない獅子のように、
網にとらえられない風のように、
水に汚されない蓮のように、
他人に導かれることなく、他人を導く人、
――諸々の賢者は、かれを〈聖者〉であると知る。

◆聖者はいつでも単独行動

これまでとはまた別な、文学的表現です。知識人には、このように聖者を理解できるのです。

Ekaṃ《エーカン》 carantaṃ《チャランタン》は「独り歩む」。聖者は、つねに極端に単独行動なのです。「あんたと一緒に」ということはありません。たとえ人々の間にいても、独立している。これは、なかなかたいへんです。でも、これが聖者の生き方なのです。決して、自我を張っている生き方ではありません。

Muniṃ《ムニン》 appamattaṃ《アッパマッタン》は、中村（元）先生の訳には「怠ることのない聖者」とありますが、これは不《ふ》放《ほう》逸《いつ》ということです。この人がどんな精神状態なのか、計り知れない、ふつうの人には丸っきり理解できないのです。まあ、「理解できない」くらいは理解できるでしょう。もう把握不可能。挨拶されたら挨拶を返すけれども、精神的には誰とも関わりを持たないのです。

◆非難にも称賛にもまったく動じない

Nindāpasaṃsānu《ニンダーパサンサーヌ》 avedhamānaṃ《アヴェーダマーナン》は「非難と賞賛とに心を動かさない」。けなされたり非難されたりしても、褒められても、まったくこころが動揺しない。気にしないし、揺らがない。だから、なにを言っても向こうから反応はない。「あなたは素晴らしい方です」と褒められても、「だから?」で終わってしまう。「あんたバカじゃない?」と罵倒されても、引っかかってくることは全然ありません。いくら非難しても、いくら褒めても、向こうは乗ってこない。その動揺しない状態は、一般人にもわかる牟尼の特色なのです。

Sīhaṃva《スイーハンワ》 saddesu《サッデース》 asantasantaṃ《アサンタサンタン》は「音声に驚かない獅子のように」。まるでライオンのように堂々として、どんな大きな音声を聞いても動揺しないのだそうです。これは文学的に人間が考えるライオンで、ほんとうのライオンもそうなのかはわかりませんが。
ライオンの声は、かなり大きく響きます。身体の大きい象も鳴きますが、ライオンの声ほどは大きくはない。獣の世界で最大の音声、獅子吼《しし く》を放つライオンがなにかの音におびえることはないように、牟尼も堂々としているのだ、という文学的表現です。

◆とらえられない風のような牟尼のこころ

四行目の vātaṃva《ワータンワ》 jālamhi《ジャーランヒ》 asajjamānaṃ《アサッジャマーナン》 は「網にとらえられない風のように」。網（ネット）で風を止めることはできませんね。聖者のこころを把握しようと思うのは、そのようなことだというのです。風が通る道に大きい網をかけておく。網をかけたら、空気が網にぶつかって止まるでしょうか？ 風には、網は関係ありません。網は執着にも、邪魔にもならない。真理に達した聖者には、俗世間のすべての出来事が、そのように執着にも邪魔にもならないのです。この網とは、人間の概念の世界のことです。いくら網をかけても、牟尼はそこに入りません。

Padumaṃ《パドゥマン》 va《ワ》 toyena《タイエーナ》 alippamānaṃ《アリッパマーナン》 は「水に汚されない蓮のように」。蓮の花は水に濡れません。蓮は泥のなか、水のなかに生まれますが、水から離れて咲きます。蓮は全部水から離れるのです。睡蓮《すいれん》だったら、水と同じレベルで咲いたりしますが、蓮の花は水から上がって水に濡れないのです。水のなかにいる人々には、蓮の花のことが理解できないのだということです。池とは俗世間のことです。聖者は、もう俗世間という水のなかから抜け出してしまったのです。

◆牟尼こそが本物のリーダー

六行目の netāramaññesamanañña《ネーターラマンニェーサマナンニャー》 neyyaṃ《ネッヤン》 は「他人に導かれることなく、他人を導く人」。牟尼は他の人々を悟りの境地に導くことができます。生命のなかで、唯一本格的なリーダーとは、聖者なのです。誰とも関わりがないからこそ、本物の指導者・リーダーになれるのです。

俗世間のリーダーは誰も本物ではありません。ただ、苦労しているだけ。誰をリーダーにしても、すぐボロが出ます。たとえばいろいろな組織の場合は、会長の任期は一年などと決まっているでしょう？　総理大臣になっても、何年かで辞めなくてはいけない。新しいリーダーを作らなくてはいけない。彼らは、始めた日からもうボロボロです。人類のなかに、本物のリーダーはいないのです。

リーダーとは聖者のことです。聖者を陥れることはできませんし、挑発して機嫌を悪くさせることもできません。お世辞を言って取り入って、便宜を図ってもらうこともできない。逆に、牟尼がなにかを言ったら、誰でもそのとおりにするしかない。しかも、本物のリーダーは俗世間のくだらない事柄に人々を導くのではなくて、超越した境地へ案内して導くのです。

Taṃ《タン》 vāpi《ワーピ》 dhīrā《ディーラー》 muni《ムニ》 vedayanti《ヴェーダヤンティ》は「諸々の賢者は、かれを〈聖者〉であると知る」。このような性格の人は牟尼だと、賢者は知っているのです。

九　煩悩を消し去った境地とは

221（223）

Sikhī yathā nīlagīvo vihaṅgamo
Haṃsassa nopeti javaṃ kudācanaṃ
Evaṃ gihī nānukaroti bhikkhuno
Munino vicittassa vanamhi jhāyatoti

譬《たと》えば青頸《あおくび》の孔雀《くじゃく》が、空を飛ぶときは、
どうしても白鳥の速さに及ばないように、
在家者《ざいけしゃ》は、世に遠ざかって林の中で瞑想する
聖者・修行者に及ばない。

◆孔雀は派手だが、大空を翔ける白鳥の境地を理解できない

まだ半分くらい残っているのですが、最後の偈は文学的表現です。そちらを紹介して終わりにします。

たとえ話で、孔雀がいるとします。孔雀というのは、すごく美しくてピカピカ光ります。首が青く光る。それが太陽の光に当たると、いろいろと変化してさらに美しく派手に見える。孔雀は空も飛べます。

しかし、孔雀はすごく派手で、空も飛べるのですが、白鳥の速さにはかないません。白鳥というのは、国境を越えて長距離を移動する渡り鳥です。白鳥は空を越えていくけれども、孔雀はだいたい木の枝から枝まで伝っていく程度で、あまり長く飛びません。ふつうのニワトリと同じ程度ですよ。そして孔雀と比べれば、白鳥はただ白いだけで、あんな色鮮やかな身体を持ってない。

俗世間ではあらゆる工夫をして威張って、おしゃれをしまくったり、資格や肩書を取りまくったりして、身体中に勲章をぶら下げたりして、「おれに敵うものはない」というふうに頑張りますが、「それって孔雀と同じだ」ということです。森に入って

修行する、なんのオシャレもしない聖者は、白鳥だということです。

ですから、比較になりません。大空を飛んで海をも越えていく白鳥の力は、孔雀には理解できません。在家の人々も、なんか修行っぽいものをやったりして聖者を真似ようとしますが、比較にならないのです。ほんとうに悟った人については、そう言わざるを得ないのです。

ということで、最後の偈になりました。まだ真ん中（二一三偈と二二一偈の間）にたくさん残っていますが、紹介は割愛して、終了します。

牟尼の境地とは、すなわち悟りの境地で、煩悩がまったくないということです。理解しようとしても、俗世間の概念では理解できないのです。

Q&A 法話後の参加者との対話から

◉問1

悟ってからの聖者の生活とは？

――聖者の境地とは「生きることを卒業する」「全部やり遂げた」というものだと今伺ったのですが、生きることをすべてやり遂げても、その後も日々の営みがありますよね。その営みは並大抵ではないですよね。聖者は、それをどうなさるのですか。

＊

悟っていない人には理解できない

それは、丸っきり世間と関係ないと言っているのです。生きているということすら、聖者には関係ないのです。

――森に入って、森で食べていくのはたいへんなのではないですか？

煩悩があればたいへんであって、煩悩がなければ、どういうことはないのです。蚊に刺されても、「蚊に刺されると困る」という自我がある人が苦しいのであって、そうでなければ、別になにが起きたって関係ないのです。

＊

――森にいて、木の実を拾うのもたいへんではないのですか？

＊

この場合、仏教の聖者だから森にはいません。一般人と一緒に生活するので、木の実は拾いません。木の実を拾うことすらもしないのです。代わりに、托鉢《たくはつ》に行くのです。苦しいかどうかということは煩悩が決めることです。今日はすごく暑いですが、そこで「ああ、暑い。今日はダメだ」と思うのは、煩悩が働いているからなのです。煩悩がなかったら、「ふつうよりちょっと暑いみたい」で終わってしまう。良し悪しというのは煩悩の勝手です。この食べ物はまずいとか、美味しいとか思うのは煩悩でしょう。煩悩がなかったら、たんに「食べ物があって、必要だから食べる」、それで終わってしまう話です。

――そういうふうに、お布施《ふせ》されたものを食べるというのは、社会性に則っているのではないでしょうか？

＊

ですから、「理解できない」と最初から言われているのです。聖者のことは放っておきなさいと。「放っておかないぞ、理解してやるぞ」と頑張っても理解できないのです。

――やはり、聖者がどういうふうに人と関わっているのかということは、私たちにはわかり得ないことなんですね？

＊

わからないのです。そういうふうに議論しても、同じところを堂々巡りすることになるだけです。概念には当てはまらないというのが、聖者の世界なのです。生きるということはたいへんな仕事だと思っても、煩悩がなくなったら、もう全部やめている。

最低限にする。あれをしなくては、これをしなくては、買い物をしなくては、明日雨が降る予定だから食料を貯めておかなくては……。それは全部煩悩が決めることです。そういうことがなにもなくなってしまうのです。

したがって、肉体の維持は最低限になります。「肉体を維持しなくては」という気持ちすらない。生きていきたいという気持ちもない。今死んでも、明日死んでも、どうでもいいのではないか、という気持ちでいる。私たちには、それを理解できないでしょう? 聖者がご飯を食べるといっても、「これでもって、あと一日頑張ります」という気持ちは丸っきりありません。

聖者は計り知れないほどにすごい、精神世界のことを教えているのだから、把握不可能です。「議論して理解することはできない」というふうに説かれているのです。人間が理解するという場合は、なにか意味を理解するでしょう。理解が成り立つのは、意味・概念があるときだけでしょう。でも、牟尼(聖者)は人間が理解するという仕組み、意味の世界、概念の世界をすべて超えているのだから、牟尼を理解することは不可能なのです。

第三章　聖者への道

——『スッタニパータ』「悪意についての八つの詩句」を読む

一　「悪意についての八つの詩句」とは

◆日本語に訳すのが非常に難しいテキスト

第三章では、『スッタニパータ』の第四章にあたるAṭṭhakavaggo《アッタカワッゴー》というチャプターの三番目の経典Duṭṭhaṭṭhakasuttam《ドゥッタッタカスッタン》を解説したいと思います。『スッタニパータ』というテキストは、一般の言語に訳するのがものすごく難しくてややこしい。言葉自体が古いし、一つの偈《げ》のなかにあまりにも大量のアイデアが濃縮されているから、簡単な言葉に入れ替えることが難しいのです。

私も他の方が翻訳したテキストをいくつか調べてみたのですが、やはり膨大に長く、注釈書を元にして英訳などをしています。偈だけ英訳しても、「なんだこれは?」というふうにわからなくなってしまうのです。今回、参考訳として引用するのは中村元先生の日本語訳です。先生も偈だけを直接日本語にしようと努力しているのですが、結局はたいへん苦労しているということがよく見えます。かなり苦労しなければ他の言語に訳せません。苦労したからといって結局のところ、どういう意味かわからなくなってしまうのです。

そういうわけで、ここでは私の頼りない解説とまとめで話していきたいと思います。

◆「悪意についての八つの詩句」というタイトルについて

まずDuṭṭhaṭṭhakasuttamというお経の名前ですが、aṭṭhaka《アッタカ》というのは「八つでできている」という意味です。英訳でoctadになります。とりあえず「duṭṭha《ドウッタ》という名前で始まる八つの偈でできた経典」という意味になるのですが、みなさんduṭṭhaという単語を訳すところで少し滑ってしまうのです。

Duṭṭhaというのは「怒っている」という意味で、また「とんでもない」「けしからん」という意味もあります。しかし、他の翻訳を見ると、corruptedというふうに訳しているのです。あるいはhostile。Corruptedというのは堕落している、汚染されているという意味です。Hostileというのは敵対的、対立的な関係という意味です。

かなり意味の幅が広くて、翻訳するときにはちょっと滑ってしまうのです。本書の見出しでは「悪意についての八つの詩句」と訳してありますが、これはあくまで参考訳であると考えておいてください。

まず一度、経典の中身に入ります。必要なことはその場その場で説明します。

二　聖者は議論に参加しない

７８０（７８６）

Vadanti ve duṭṭhamanāpi eke
Athopi ve saccamanā vadanti
Vādañca jātaṃ muni no upeti
Tasmā munī natthi khilo kuhiñci

実に悪意をもって（他人を）誹《そし》る人々もいる。
また他人から聞いたことを真実だと思って（他人を）誹る人々もいる。
誹ることばが起こっても、聖者はそれに近づかない。
だから聖者は何ごとにも心の荒《すさ》むことがない。

（参考和訳：中村元訳『ブッダのことば』岩波文庫より／以下同）

◆聖者がこころにケガを負わないわけ

一行ずつ解説してみます。

Vadanti ve duṭṭhamanāpi eke

実に悪意をもって（他人を）誹《そし》る人々もいる。

最初に出てくるvadanti《ワダンティ》はspeak、talk、しゃべる、という意味の単語なのです。この経典では、議論する、いろんな主義・異議があって議論・批判・批難することを指しています。Duṭṭhamanā《ドゥッタマナー》とは、怒りによって汚れた心のこと。一行目では、「怒りで心が汚れて、怒り狂ってギャーギャーギャーと議論する人々もいる」と説かれています。Duṭṭha《ドゥッタ》は、「こころが汚れている」という意味で理解することもできます。こころが汚染されている場合は、物事を正しく判断できないのです。しかし、語る本人はこころが汚れているとは知りません。自分が知っていることが真理であると思っているからです。

ある人が「真理」を語っているとしましょう。本人は真剣真面目です。しかし、聴く人は相手のこころが感情で汚染されているのだと理解する。また、意図的に怒り憎しみに基づいて強烈に語り続ける人もいる。この一行には、どちらの場合も入っています。

Athopi ve saccamanā vadanti
また他人から聞いたことを真実だと思って（他人を）誹る人々もいる。

Saccamanā《サッチャマナー》とは、事実を語っていると思って論争することです。自分が言っていることを、ほんとうに大真面目に事実だと思って議論する人もいます。腹を立てて相手を誹謗中傷する目的で議論する人もいるし、自分が真剣真面目にほんとうのことを言っているのだという人もいるのです。

Vādañca jātaṃ muni no upeti
誹ることばが起こっても、聖者はそれに近づかない。

このように世の中で流行している議論に、muni《ムニ》（聖者）は立ち入らない。みんなが勝手にギャーギャーと議論したとしても、聖者は参加しないのです。

Tasmā munī natthi khilo kuhiñci
だから聖者は何ごとにも心の荒《すさ》むことがない。

聖者には khilo《キーロー》 はない。中村元先生は khilo を「心の荒むこと」と訳していますが、これは khīla《キーラ》 という語が格変化した形で、「釘、棘」という意味になります。議論に行くのは、自分で釘を持って相手を刺すためです。そうすると当然、相手に刺されることもあります。これは言葉の議論ではなくて、喧嘩だと思ってみましょうか。

昔の人が十人くらい、槍を持って喧嘩に行く。喧嘩に行ったらお互いに槍を刺して倒すことが目的です。刺された人は死ぬか、ケガをするかもしれません。勝った側も、体中を相手の槍に刺されてしまって傷だらけです。それは人間の喧嘩の場合です。議論の場合も同じことが起こるのです。その場合は、身体にケガはしませんが、こころにケガを負うのです。

一行で極めて膨大なことを仰っているのです。世の中の議論に参加すると、当然自分も刺されてケガをします。しかし、聖者は論争には絶対に参加しないのだから、こころの健康を保ってなんのケガもなくいられるのです。

しかし、それだけでは注釈書は納得しません。Khila という場合、たとえば自分が槍を持って喧嘩に行くならば、自分自身で槍を持っている。それに対して、聖者は槍そのものを持っていない。Khilo とは、結局はシンプルなことで、「貪《とん》・瞋《しん》・痴《ち》の煩悩《ぼんのう》」を指すのです。この場合は執着のことです。

四行目は、「釘に刺されること、棘でケガをすることがない」と訳して理解することもできます。貪瞋痴がないので安穏に達している、ということです。論争に参加するためには、こころの荒波が必要です。参加したところでさらにこころが乱れます。「あの二人はなにを議論しているのか?」となって自分がイライラしただけでも、議論に参加したことと同じことになるのです。

◆こころに荒波が立たないから、議論が成り立たない

今は情報社会ですから、いろんな議論があちこちにあって、それを読む人も自分の

コメントを書く。激しい非難・侮辱的なコメントも、賢いコメントも、いろんなことが書かれます。なぜ人がコメントを書くのかというと、自分のこころにもなんとなくイライラが生じるからなのです。

面白いことに、たとえば、五、六人が議論していると、議論を聞いていた自分も居ても立ってもいられなくなって参加する。参加したことで自分のこころが安穏に達しますか？「はい、清々します」とはならないはずです。向こうの話も受け取って、向こうにクタクタに批判されてしまって、なおさらこころが傷だらけになるのです。議論に参加すると、さらにこころが乱れてしまうのです。

そこで、批判的にこの偈を見るならば、「ああ、聖者というのはなんと腰抜けなのでしょう」「議論に参加しないことで、〈吾輩は安心だ〉と言っているのか」というふうに文句を言うことはできますが、そういうレベルの低い話ではありません。たとえ人がなにをしゃべろうとも、聖者のこころには荒波が立たない。だから、議論に参加することは成り立たないのです。

次の偈に行きましょうか。とにかくこのAṭṭhakavaggoに収録されている偈はどれも有名で、勉強する人はけっこう暗記してしまいます。美しい偈だから、暗記したくなるのです。パーリ語を知っていればAṭṭhakavaggoは簡単に暗記できます。実際のところ、暗記しないと膨大な意味は頭に入らないのです。

三　聖者には「好み」がない

７８Ｉ（７８７）
Sakañhi diṭṭhiṃ kathamaccayeyya
Chandānunīto ruciyā niviṭṭho
Sayaṃ samattāni pakubbamāno
Yathā hi jāneyya tathā vadeyya
欲にひかれて、好みにとらわれている人は、
どうして自分の偏見を超えることができるだろうか。
かれは、みずから完全であると思いなしている。
かれは知るにまかせて語るであろう。

◆「好み」は自由にはならない

ここでは、議論をする人のことについて語られています。まず最初の二行を細かく解説してみます。

Sakañhi diṭṭhiṃ kathamaccayeyya

どうして自分の偏見を超えることができるだろうか。

自分自身の見解(sakañhi《サカンヒ》 diṭṭhiṃ《ディッティン》)は、どうやって乗り越えるのか(kathamaccayeyya《カタマッチャイエッヤ》)?つまり、「乗り越えられません」と言っているのです。ここでは、深いことが言われています。自分になにか見解があったら、それをきちんと捨てて出て行くことはできないのです。自分になにか主義がある場合、自分の主義を「はい、捨てました」と服を脱ぐような感じで捨てることはできません。

Chandānunīto ruciyā niviṭṭho

欲にひかれて、好みにとらわれている人は、

そこで、見解はどうやって作られるのかというと、一番目はchanda《チャンダ》、好みです。これは「好み」と言ってしまうと軽過ぎなのですが、文化、伝統、習慣、知識、社会または組織、それから仲間、そういったものの影響で、自分自身の好みが成り立つのです。

たとえば、日本に生まれて大きくなった人は、日本文化に合わせて好みを作るでしょう。日本人の好みは必ずしも西洋人の好みとは一致しません。好みという単語を「私はこの意見は好きですよ」と言い換えても、なんだか変です。自分の「好き」ということ、その好きということには自由がないのです。そこはよく注意して理解してください。

「私は自由だから、○○が自分の好みで好きですよ」と言う人がいるとします。二人のうち一人がご飯を好んで、一人がパンを好むと、「ああ、それぞれ自由ですね」と思うでしょうね。しかし、それは違います。パンを好む人の「好み」は、仕方なくパンを好きになる条件の上に成り立っている。ご飯が好きという人は、ご飯好きになる

ような環境で、その人の好みを作り上げている。この行で言っているのは、サーッと流してはいけない、とても深いことなのです。人には好みに関して、自由意志(freewill)はないのです。

今は議論について語られていますが、私たちの好みにはいろんなものがありますよね。わかりやすく言えば、食べ物だったら食べ物の好みがある。本だったら、「私は本を読むのが好きですよ」と言われても、「では、どんなタイプの本が好きですか?」と訊かなくてはいけない。その人が本を好きになったというのも、自分が生まれつきそうだったわけではなくて、文化・背景・環境によってその好みを作ってしまったからなのです。本人が「ぼくは自由だ。自分は生まれつき本が大好きだ」と言ったとしても、それも実際には環境などによって条件づけられています。さらに「どんなタイプの本が好き?」と訊いてみると、またそこから好みがどんどん枝分かれしていく。

仏教では、そのような「好み」の働きをすべて、chandaという専門用語でまとめているのです。仏教を学ぶ私たちにとって、chandaを「好み」、あるいは伝統的な日本語訳で「意欲」と訳して、わかったつもりになってはいけません。そんな簡単なものではありません。Chanda = 意欲は自由にならないのです。

可哀想なことに、文化、知識、仲間、社会、いろんなものに影響されて、それが成り立っています。ですから、この行にある chandānunīto《チャンダーヌニートー》とは、chanda＝好みによって編み込んだ見解、好みによって作り上げた見解なのです。

◆「好み」「見解」「主義」は煩悩のもと

次の単語は ruciyā《ルチャー》ですが、これも chanda の類義語です。Ruci《ルチ》という場合は、個人の好みです。個性と言えるものです。問題は chanda と ruci はいつも一緒で不可分だということです。たとえ個性があっても、周りからの影響によってコロコロ変わったりもします。そこで、自分の好みと個性によって思考して、自分の好みと個性に合わせて思考を流してしまうのです。

科学者になる人も、なにかのテーマに「好み」を持って、それについてデータを調べていきます。たとえば、生物学・医学の場合、ある人が微生物に興味を持つ。その人はその興味に基づいてデータを調べて、やがて微生物学者（microbiologist）になってしまいます。あるいは、遺伝子（genome）の仕組みに興味を持ってしまうと、そこに好みが起きてしまって、その人は遺伝子の学者になってしまう。知識の世界にしても、そういうふうにいろんな分野に分かれて、それぞれの専門分野でほんのわずかな部品、部分についてだけ、一人前になってしまうのです。

だから、「医学の一人前」は存在しません。医学はきめ細かく分かれていて、ある一つの科目の専門家になってしまいます。「私は科学のプロだよ」と言える人もいません。科学のなかでも細かい専門分野があって、そのうちの一個のプロにすぎないのです。俗世間を見ても、人の好み・意欲（chanda）と、個性（ruci）が合わさったところで自分の道が決まって、その道へ進んでいくことになるのです。

たとえば、小さな子供がまず音楽に好みを持ってしまう。だからと言って、どんな子供も音楽好きなわけではありません。自分の環境でそういうなにかがあったならば、それで好みが現れてしまうのです。父親か母親が音楽を知っている人だったりすると、子供もそれについて好みを作ってしまう。小さいときは「私は音楽が大好き」と言っているのですが、その子が大きくなる過程で、音楽のなかでも、いろいろな分野に分かれていき、そのうちの一つで専門家になる。

漠然と「音楽が好きだ」と言っていた子供が、やがてバイオリニストになったり、ピアニストになったり、声楽家になったり、あるいは音楽理論の研究者になったり、スタジオで働くエンジニアになったりする。そういう枝分かれを司るのも、やはり好みと個性なのです。その好みと個性は、神様から授かった才能というわけではなく、自分の生まれた環境によって形成されたものなのです。

Niviṭṭho《ニヴットー》というのは激しく執着することです。自分の好みの道を進んで達したものに対する執着は強烈です。とても捨てられるものではない。たとえば、ある人が六歳からピアノを弾き続けてプロになったとして、いろんなコンクールに出たりして、世界的にも知られたところで、「もうピアノは止めた！　これからは料理の勉強をします」ということはあり得ません。好きなピアノの道は、もう捨てられないのです。指先が弱くなってしまってピアノを弾けなくなったとしても、ゆっくりでもなんとか弾こうとする。耳が聴こえなくなったベートーヴェンに、「もう耳は聴こえないんだから、いい加減止めなさい」と言っても作曲は止めなかったでしょう。自分には音が聴こえないのに、必死に音楽を作り続けたのです。

これは哲学や宗教でも同じことなのです。好みができてしまうとズーッとその道を進んで、宗教の場合は修行のために山を登ったり、谷底に住んだり、裸で生活したり、断食したり、あるいはご飯と大根の葉っぱだけ何年も食べてみたりとか、インドだったら十年も身体を洗わないとか、そういういろんなことをやり続けて、なにかに達する。「そんな無意味なことは止めなさい、捨てなさい」と言っても、決してやめられないし、捨てられない。お釈迦さまは nivițțho という言葉で、この「捨てられない」ことを仰っているのです。

最後の二行に移ります。

Sayaṃ samattāni pakubbamāno
Yathā hi jāneyya tathā vadeyya
かれは、みずから完全であると思いなしている。
かれは知るにまかせて語るであろう。

人々が自分の見解を乗り越えようとしても、これは到底、できない話なのです。好みに導かれて「これこそが正しい」という見解を築いた人は、結局のところ、自分の主義を誇示するはめになります。

お釈迦さまの時代には、六十二くらいの宗教哲学があったとされています。「主義」

と言ってしまうと、少し世間は否定的に見ますが、それらはかなり勉強した結果、達した主義なのです。ですから、「あの人の教えはけしからん、この人の教えはなってない」などと、軽々しく言ってはならないのです。彼らの宗教哲学は間違っているかもしれませんが、その人たちは決して間違った教えを捨てません。なぜならば、何年も頑張って頑張って苦労して、その宗教の教祖になったからです。

四　聖者は自己アピールをしない

７８２（７８８）

Yo attano sīlavatāni jantu
Anānupuṭṭhova paresa pāva
Anariyadhammaṃ kusalā tamāhu
Yo ātumānaṃ sayameva pāva

ひとから尋ねられたのではないのに、他人に向って、
自分が戒律や道徳を守っていると言いふらす人は、
自分で自分のことを言いふらすのであるから、
かれは「下劣な人」である、と真理に達した人々は語る。

◆簡単には捨てられない主義・信仰

この偈では、あれこれと主義・哲学を誇示する人たちが抱えている、ちょっとした欠点について教えています。

「下劣な人」という表現は少々厳しく感じられますが、中村元先生はパーリ語の原文で anariyadhammaṃ《アナリヤダンマン》（聖ならざる法に属する者）という単語を「下劣な人」と意訳しています。ブッダの教えは ariyadhamma《アリヤダンマ》＝聖なる教えで、それに対する anariyadhamma、つまり「アリヤではない教えの人」という意味です。「品がない」という程度の意味で理解しておきましょう。Anariyadhammaṃ を「下劣な人」と訳するのは、ニュアンスとしてちょっときつ過ぎだと思います。

前項の七八一偈でも説明しましたが、仏教で「外道」と呼ばれているさまざまな間違った宗教者・哲学者たちにしても、それなりに評価はするべきなのです。かなり苦労してなんらかの結論に達したのですから。彼らはある意味では可哀想なのです。もう自分が達した結論から抜けられなくなっているからです。

現代の私たちが知っている宗教を例にしてみましょう。カトリックの家庭に生まれて、子供の頃からズーッと聖書を勉強して、神学校にも入って、さらに興味を持って修行もして、それから神父さんにもなっていろんな活動をして、それがバチカンの教皇庁からも認められて、bishop（司教）程度に昇格したとします。その人が、「明日から私はカトリック教会をやめます」と言うことはできません。仮に信仰が揺らいでやめたい気持ちになったとしても、どうしても躊躇《ちゅうちょ》してしまうのです。

私は個人的にそういう人を知っています。スリランカにもカトリックの人がいて、彼らは仏教にすごく興味がある。自分の人生のほとんどをブッダの教えを参考にして生きているほどなのですが、でも、神様という観念からは抜けられないのです。神様も信仰しながら、ブッダの教えを学んで真面目に生活している。「ブッダの教えはとても現代的で論理的だ」と言って、自分自身の人生を律しているのです。

これって、笑うべきか悲しむべきか、よくわかりません。彼らの振る舞いから見えるのは、自分自身が小さいときから築き上げた主義とか信仰といったものは、そう簡単に捨てられないということです。

◆自己PRは俗世間の習慣

Anariyadhammamを「下劣な人」とするのは少々きつ過ぎですが、意味しているのはそういうことなのです。誰も聞いていないにもかかわらず、「あなたはどんな宗教を信仰していますか？　あなたはどんな修行をしていますか？　私にも教えてください」とは誰も頼んでないのに、「私はこういう者である」「私はこういう戒律を守っている」「私は千日行をやっているのだ」などと、自己アピールをする人がけっこういます。念のために言っておきますが、「千日行」という単語はたまたま思い出したから言っただけで、具体的に誰かを非難する目的ではありません。

日本文化のなかにも、厳しい修行システムがあります。たとえば、三カ月間も立ったままで寝ないで念仏を唱えるというのは、たいへん苦しいと思います。たとえ二日くらいでも、寝ないで念仏を唱えるということは冗談ではできません。しかし、いくら自分が厳しい修行をしているといっても、他人から聞かれてもいないのにそれを言いふらしてしまうのは、品格に欠ける生き方と言わざるを得ません。それでも、「私は○○の戒律を守っているんだ」という話を誇示してしまうケースはよくあります。

とくに菜食主義の人はそれを強烈にアピールしてしまいます。昔、熱海の瞑想合宿に来たある女性がひどく狂暴で、「私は菜食主義だから。ご飯も玄米しか食べません」と威張る。瞑想を学びに来て、そんな態度はあり得ないことです。ですから、一日で帰っていただきました。

そこまで自我を張っている人は、修行しても意味がないのです。頼まれてもいないのに自己顕示して、他のサークルにズカズカ入り込んで「ああしろ、こうしろ」と指図したりするのは、「下劣」と言い表すしかありません。

現代社会に照らして考えてみても、この世のなかには、「私は聖者です」「戒律・道徳を守る者です」「覚者です」「神です」「神の使者です」などと言いふらす人が絶えないでしょう。とくに仏教をちょっと舐めた人のなかには、「悟った」と豪語する人々がいるわいるわ。ブッダたちまでいるのです。もうたいへんなほど、聖者人口が増えています。

自己ＰＲというのは俗世間的な習慣なのです。たとえば東大を卒業した人は自己ＰＲをして仕事をみつけます。「あなたはどこで勉強したの？」と訊かれて、黙っていたら仕事をもらえないでしょう。面接に行ったら自分は東大出だと、派手に自己ＰＲ

をしなくてはいけない。「私は東大の○○学部で学びました。ゼミではこういう研究をしました。こういうサークルに入ってこういう活動をしました。こういう論文を発表しました」……という自己PRは、俗世間で収入を得るための手段なのです。いくらか金を儲けるためにやるものです。どうやっても、PRとはそういう世俗的な目的になります。

政治家がPR活動をしているのも、自分が選挙で勝つためなのです。勝って議員になって金を儲けるためなのです。立候補をしても一切黙っていたら、誰も知らないいまでしょう。だから、車にスピーカーを載せて「○○をよろしくお願いします」と、自己PRをして回るのです。

しかし、宗教世界で自己PRをするのならば、それには「下劣」という単語を使うしかありません。俗世間で自己PRをすることにまで「下劣」と言うのは、ちょっと成り立たない。俗世間では、どうしても自分PRしなくてはいけないからです。

たとえば写真家がいるとします。「自分はふだん、こんな写真を撮っていますよ」と、アルバムを持って来ていろんなところへ行って見せて、それで仕事を取らなくてはいけない。そうやって金儲けのために使う手段を、宗教や哲学の世界でも使っているならば、それは紛れもなく「下劣」なのです。

仏教の出家戒律では、「私は悟っているのだ」と自己アピールしてはならないと、厳しく戒めています。それだけではなくて、「ああ、私の心は安穏ですよ。私にはなんの悩みもありませんから」というふうに仄めかすことも言ってはならないのです。そうしたことを言うのは、下劣な生き方です。真理に達した人は、決して自己ＰＲをしないのです。

五　聖者に一人称はない

７８３（７８９）

Santo ca bhikkhu abhinibbutatto
Itihanti sīlesu akatthamāno
Tamariyadhammaṃ kusalā vadanti
Yassussadā natthi kuhiñci loke

修行僧が平安となり、心が安静に帰して、
戒律に関して「わたしはこのようにしている」といって誇ることがないならば、
世の中のどこにいても煩悩《ぼんのう》のもえ盛ることがないのであるから、
かれは〈高貴な人〉である、と真理に達した人々は語る。

◆「私は戒律を守っている」と言うのは煩悩の証し

こころを清らかにして安穏に達した比丘《びく》は（santo《サントー》 ca《チャ》 bhikkhu《ビック》）、自分のこころの炎を消している（abhinibbutatto《アビニッブタットー》）。解脱に達している、ということです。その人はitihanti《イティハンティ》 sīlesu《スィーレース》 akatthamāno《アカッタマーノー》、「私はこんな戒律を守っている」「こんな道徳を守っている」とは言いません。

悟った人にとっては、戒律・道徳というのはかなり品が低い話なのです。戒律に意味があるのは煩悩があるときです。煩悩がなかったら戒律は無効になってしまう。たとえば、怒りがある人は「怒るなかれ」という戒律を守らなくてはいけない。「他を許すべき」という道徳を守らなくてはいけない。怒りがない人にとっては、別に守るべきことはなくなってしまう。

殺す場合でも、怒りによって、無知によって、他の生命を殺すのです。怒りも無知も自我もなくなった人にとっては、「ああ、不殺生戒を守らなくては」という気持ちすら起きない。不殺生戒が成り立つのは、まだこころに殺意が起こり得る人なのです。不飲酒戒《ふおんじゅかい》を守るべきなのも、やっぱりふざけたい、酒でも飲んでちょっと酔ってみたいという弱みがまだこころにある人なのです。弱みがあるからこそ、「やっぱりダメだ、私は戒律を守るぞ」と頑張らなくてはいけない。

戒律を完璧に守ろうとする人にとっては、これはかなり厳しい修行です。自分のこころの煩悩と、ずっと戦い続けなくてはいけないのですから。そういう人は「私はかれこれ十年も、菜食主義で頑張りました」と言ってしまいがちです。そう言われてしまったら、「あなた、まだ未熟だね」というふうに答えなくてはいけないのです。

Abhinibbutatto《アビニッブタットー》、こころの煩悩を消した、煩悩をすべて消した人は、戒律について「私はこういう者である」と語りません。悟った人には、もう一人称はないからです。悟りとともに、「私」という一人称が消えるのです。聖者も戒律について人々に語ります。なぜ戒律を守るべきなのかと語り、戒律を守る方法についても語りますが、「私はこれこれの戒律を守りましたよ」というふうに、「私」をアピールすることはしないのです。それがariyadhammaṃ、立派な品格のある人の道なのです。

◆こころの凸凹は煩悩

四行目のyassussadā《ヤッスッサダー》 natthi《ナッティ》 kuhiñci《クヒンチ》 loke《ローケー》も解説が必要なところです。Ussada《ウッサダ》とは、凸凹ということです。やはり自我があると、こころにいろんな波が起こります。「私」という一人称がある場合は、いつでもこころが波打っていて、凸凹がある。「私はね！」と自信満々のときは、かなり波が上がっています。逆に「私はですね……」と引っ込んでいるときもあったりします。そういう凸凹が自分のこころにあると、それが他人のこころの凸凹に嵌《は》まってしまうのです。嵌まったら抜けられません。そのような有様を詠《うた》った、美しい偈です。

世間の人々の凸凹に嵌まると離れられなくなります。こころの煩悩は凸凹です。つまり、ussada というのは煩悩のことなのです。煩悩は貪瞋痴の三つとして理解してもよいですし、「千五百煩悩」として理解してもいいし、四つの執着として理解してもいいし、十の束縛（十結《じっけつ》）として理解することもできるし、煩悩はいろんなバリエーションで説明されています。

こころにはいつでもなにか凸凹があって、その凸凹が別の凸凹にガチッと嵌まって取れなくなってしまう。煩悩はこころの凸凹です。こころが凸凹だから、安穏に達していないのです。凸凹がなくなって、表面がなめらかになったら、もうどこにも引っかからないでしょう。

たとえば、ある人としゃべるとします。相手のこころには凸凹がいっぱいあります。しかし、こちらがなめらかなこころであれば、相手の心に嵌まってしまう危険はありません。すぐに貼り付いてしまうマジックテープは、こころの凸凹のいい比喩です。マジックテープは、かなり力を入れないとベリッと剥がすことはできないでしょう。世間の生き方はそういう生き方で、自分の凸凹が他の人の凸凹に嵌まってしまって、それから離れることができなくなる。それで自由を失ってしまうのです。

でも、ガラス玉はどんなマジックテープの上を転がしても、決して貼り付きません。そのように、こころに凸凹がないということは、煩悩がないということです。凸凹に嵌まることなく、自由自在にこころが流れるということなのです。

六　聖者の安穏は絶対に揺らがない

７８４（７９０）
Pakappitā saṅkhatā yassa dhammā,
Purakkhatā santi avīvadātā
Yadattani passati ānisaṃsaṃ
Taṃ nissito kuppapaṭicca santiṃ
汚れた見解をあらかじめ設け、
つくりなし、偏重して、
自分のうちにのみ勝れた実りがあると見る人は、
ゆらぐものにたよる平安に執著しているのである。

◆神秘体験は空虚な安穏

ここは一般的な経典のパーリ語ではありません。かなり古い言葉だから、ますます難しい。理解するための私のやり方は、黙って読むことです。黙って読むと意味が入ってくるのです。

中村元先生の日本語訳だけでは私にはよくわからないので、単語を一つずつ解説してみましょう。

Pakappitā《パカッピター》は、「頭のなかでとことん議論した」ということです。Saṅkhatā《サンカター》というのは、「こうだからこう、こうだからこうなっているでしょう」というふうに、あらゆる現象（dhammā《ダンマー》）について、あれやこれやと考えていろんな結論を作ることです。Purekkhatā《パレッカター》 santi《サンティ》 avīvadātā《アヴィーワダーター》、そうやって作った結論、偏重して自分で作り上げた、組み上げた見解があるということです。

そして、yadattani《ヤダッタニ》 passati《パッサティ》 ānisaṃsaṃ《アーニサンサン》、自分が苦労に苦労をかけて達した見解だから、困ったことに、「それこそ答えだ」というふうに自信満々なのです。

たとえば、ある人が山の頂上に坐って、念仏か呪文か真言《しんごん》でも唱えてジーッとしている。朝から晩までそうしていると、もしかすると夜中の空になにかサッと光でも横切ったならば、びっくりして「これこそ尊い神秘体験だ」というふうに思ってしまう可能性があります。実際にある人の話を聞いたのですけれど、観音様を見たいと思って、とある険しい谷間に坐って呪文を唱えながら瞑想をしたそうです。そうしたら、なんとなく観音様の影のようなものが見えた。そうしたら彼は、自信満々になって新しく宗教を作ってしまったのです。

人間はある特別な環境、不自然な環境に置かれると、脳が異常をきたして勝手にイメージを作ってしまいます。宗教に凝り固まった人は、脳の仕組みを知らないから、脳がバグっただけのちょっとした異常体験に固執して、「やったぞ！」という気分になってしまう。さらに、他人にそれを語る。自分が安穏に達していると思い込んでしまうのです。

しかし、それはkuppapaticca《クッパパティッチャ》 santim《サンティン》、ほんとうの安穏ではなくて、すごく危うい安穏なのです。なぜならば、なんらかの見解に固執しているからです。「観音様が見えた」と言う人が威張っていても、やがて「阿弥陀様を見ることこそが尊いのだ」という人と対立して議論するはめになるのです。「念仏を唱えたとき、私には阿弥陀様が見えたんだから、観音ごときであなたは何様ですか」と異論を立てられるおそれがあるのです。そうすると、阿弥陀様を信仰する人のほうにずばぬけた発信力があって、卓越した言語能力・説得能力があったならば、観音様を信じていた人はガクッと落ち込まなくてはいけないはめになる。それで、なんの精神安定になるでしょうか？

そのように、いろんな宗教的な観念によって「安穏に達した」と思ったとしても、かなり危うい状態なのです。砂上の楼閣のように、すぐ倒れてしまう。

しかし、この偈で扱っている宗教哲学者たちとは、現代的なインチキ宗教のそれではなくて、真剣真面目に修行して語る人のことを言っています。厳しい修行をして、たいへん頑張ってある結論に達した人々のことなのです。しかし、その人々の得た安穏も、やはり空虚な安穏です。

◆見解で作られた安穏は、つねにもろい

あらためて、七八四偈を簡潔に意訳してみましょう。

「頭で思考・妄想して達した見解を誇示して他人に語る。自分の見解に意義があると信じて、不安に基づく〈安穏〉を感じている。論には必ず異論が成り立つ。世界が自

説に異論を立てるおそれは当然ある。見解から成り立つ安穏は、つねにもろいのである」

さまざまな宗教哲学を説く人々も安穏を感じています。感じてはいますが、その安穏の土台は不安なのです。基礎ができていない。脆弱な基礎のうえで見解を語っているのだから、その見解から成り立つ安穏は、もろくも崩れ去ってしまうものにすぎないのです。

七　聖者はバイアスを乗り越える

785（791）

Diṭṭhīnivesā na hi svātivattā
Dhammesu niccheyya samuggahītaṃ
Tasmā naro tesu nivesanesu
Nirassatī ādiyatī ca dhammaṃ

諸々の事物に関する固執（はこれこれのものであると）確かに知って、
自己の見解に対する執著を超越することは、容易ではない。
故に人はそれらの（偏執の）住居《すまい》のうちにあって、
ものごとを斥《しりぞ》け、またこれを執る。

◆見解を捨てることにもバイアスがかかる

中村元先生の日本語訳を見ると、「お釈迦さまの頭はどうなっているのか」と思ってしまうおそれもあります。先生はわかりやすい日本語を書く天才でしたけど、このあたりの偈はどうにも歯が立たなくなってしまって、ややこしい日本語になってしまっているのです。とりあえず、私の意訳を読んでみてください。

「ある見解に固執すると、そこから抜けられません。
自分が固執している見解に合わせて、
ある見解を捨てて（否定して）、
ある見解を選んで、それに執着をするのです」

固執する見解がバイアス（bias ＝偏見、先入観）になってしまうので、たとえ学んで進もうとしても、捨てる見解も受ける見解もバイアスが決める、ということです。

これから、偈の言葉を説明していきます。

Diṭṭhīnivesā《ディッティーニヴェーサー》とは、自分が達した見解に固執することです。自分が長い間修行して、長い間研究して、長い間思考して、いろんな先生たちと議論して、たとえば二十歳から研究をはじめて七十歳でやっとなんらかに結論に達したとしましょう。そうすると、na《ナ》 hi《ヒ》 svātivattā《スワーティワッター》、その結論・見解はそう簡単に捨てられません。ある現象について、その人は「これはこれで決まりだ」と、もう結論に達しています。わかりやすく言えば、神様を信じる人には「神様がいることは確かです」と決まっているのです。それは突然、そう思ったわけではなくて、長い時間、試行錯誤して達した結論なのです。

　ある人が聖書に関するいろんなテキストを調べまくって、イスラエルにも行って、ヘブライ語や古いアラム語も学んで、あらゆる研究をして、「はい、神様がいることは確かです」と決めたとします。私がその人に「絶対的な神を信じるなんて、あなたはどうかしてますよ」と批判したとしても、聞いてくれないでしょう。私が「聖書というのはいい加減に書かれた本だ」と主張しても、相手は「あなたにアラム語が読めますか?」と訊き返すでしょう。「読めません」と答えたら、「だったら帰って。イエス様はアラム語で語ったのですから」と言うだけなのです。

　とはいっても、イエスというのは実在の人物ではなくて、創作されたキャラクターなのだという研究論文を私はたくさん読んでいますが、そういう話は彼の耳には入りません。「キリスト教の『新約聖書』はローマ・ギリシャで編集されたテキストだから、アラム語はあまり関係ないのでは?」と言ったとしても、そういう方々は納得しませんね。長い間修行して、長い間哲学を学んで、長い間いろんな教授たちのところで学んで、学んで、学び抜いて、最後に自分の結論に達する。その結論を、ちょっとやそっとのことで捨てるわけにはいかないからです。

◆固執は人を縛りつづける

そこで、自分の見解を作ってから、その人が世間の宗教を見たとすると、「ああ、この宗教は駄目。あの宗教は駄目。この宗教は半分くらい良いけど、半分は駄目。ああ、この宗教ならぴったり!」というふうになります。

たとえば、イスラム教徒にも、緩やかなイスラムの人もいれば、原理主義の人もいますが、イスラム教徒には宗教を捨てることができないのです。『コーラン』にはそういうことは書かれていないのですが、ムハンマドの言行録とされる『ハディース』の記述を根拠にして棄教を固く禁じているのです。

イスラム教から他宗教に移ることを認めないからこそ、イスラム教は世界で生きているのだと思っているのですね。「改宗・棄教を認めた時点で、イスラム教はきれいさっぱり跡形もなく消えるのだ」と怯えているのはイスラム教徒自身なのです。そんな程度のことで消えるのならば、かなり土台が弱い宗教ではないかなぁ、と思いますが。

とはいえ、イスラム教徒のなかでも『ハディース』を重視して信仰する人もいるし、あくまで聖典は『コーラン』だけだとして信仰する人もいるし、『コーラン』のなかで、自分に理解できる常識的な教えだけを信仰する人もいるのです。そうやって、同じ宗教のなかでも、いろんな人格が現れる。そういう人々に、簡単に「考えを変えてください」と言っても、変えられるわけがないのです。そこはやはり、ブッダの教えを学ぶ人にもよく理解してほしいポイントです。人はそう簡単には変えられない。

少し妄想的な話をしましょう。あるイスラム教徒が仏教徒に改宗したとしましょう。まずあり得ない話ですが、仮にその人が仏教徒になっても、豚肉は絶対に食べないと思います。「仏教ではそんな差別はないのだから、食べなさいよ」と言っても、食べないと思います。なぜならば、長い間「豚は気持ち悪い、不浄な生き物だ」と言われ続けて、頭に叩き込まれてきたのだから、生理的な嫌悪感が出てきます。それは仕方がないことなのです。

◆宗教遍歴者も固有のアルゴリズムに縛られている

現代の宗教をたとえに出しましたが、ここで解説している経典で言っているのは、インド社会の宗教哲学です。『梵網経《ぼんもうきょう》』などの初期仏典には、お釈迦さまの時代に六十二種類の宗教哲学があったと記録されています。しかし、六十二種類に分けたのは、仏教の立場によるカテゴリー分け（categorization）であって、そのとおりに六十二種類の宗教哲学がインドに実在した、というわけではありません。ですから、研究者が六十二種類のリストをもとにインドの文献を調べても、ぴったりはまる宗教はそう簡単に見つかりません。六十二に分けたのは、ブッダが作ったフォーマットによるものです。

まず、現在から時間をさかのぼって、過去のことを観察して作った宗教。それから、将来のことを観察して作った宗教。過去のことを観察して作った宗教のなかでも、ちゃんと瞑想して過去を経験した人と、たんに思考して考えた人は分けています。さらに、どれくらいの時間、過去をさかのぼったかによっても細かく分けている。そうすると、現在のインドではそんな過去を観ることができるような超能力を持っている宗教家は一人もいないのですから、ブッダの categorization は現実に当てはめにくくなります。

インド社会というと、主流派の宗教はヒンドゥー教です。実際には、「これがヒンドゥー教」という宗教はなくて、ヒンドゥー教とされるなかに無数に宗教が混在しているのです。ヒンドゥー教のなかで、人々は気に入った別の宗教に引っ越しをします。現代の私たちが知っている、テーラワーダ仏教、大乗仏教、キリスト教、プロテスタント、カトリックというような固定した、止まった宗教システムではありません。ヒンドゥー教という大きな器のなかに無数の宗教があって、そのなかで修行者たちが引っ越しをするのです。これは、ヒンドゥー教という名前がなかった古代インドの時代でも同じでした。人々が一つの宗教を捨ててもう一つの宗教に入り込む、それを捨ててもう一つの宗教に入り込む、という流れをお釈迦さまは見ていたのです。

そこで、あるアルゴリズムが見えてきたのです。あちこちの宗教を遍歴する修行者は、自分自身で作ったプログラムを持っている。そのプログラムに合わせて、「ああ、この宗教は気に入らんから捨てる」「この宗教は良いと思うから入る」などと取捨選択をしている。それは、各人が自分の宗教アルゴリズムを持っているのだから仕方がないのだ、ということです。それぞれの修行者が、固執するアルゴリズムに従って、ある宗教を受け取ったり、ある宗教を非難したりする状況が現れるのだと。

この偈は、そういうすごく難しいことを指摘した偈なのです。日本語訳では、そこまで読み取ることはできないかもしれません。

◆じつはスタートからバイアスが入り込んでいる

哲学者や宗教家は、自分自身のchanda《チャンダ》（好み・意欲）によってアルゴリズムを作っています。それに導かれて現象を調べて、研究していく。気づかないうちに、そのアルゴリズムがどんどん強化されてしまう。そのフレームワークから物事を見てしまう。自分が固執するフレームワークに入るものはオーケー、入らないものは切り捨てるという状況が生まれるのだということです。

ある見解に固執すると、そこから抜けられないのです。冒頭で述べたように、自分が固執している見解に合わせてある見解を捨てて、否定してある見解を選んで、それに執着する。あまりにもシンプルでしょう。

固執する見解がバイアスになって、たとえ学んで進もうとしても、捨てる見解も受ける見解も、バイアスが決める。先ほどはアルゴリズムという言葉を使いましたが、もう少し哲学的に言えば、バイアスという言葉になります。

たとえば「魂ってどういうものか？」という疑問（question）を抱いたとします。そこで「魂ってどんなものか、このテーマで研究してみましょう」と調べ始めたところから、もうとっくにバイアスが入っています。「魂」という見解がいつのまにか前提となっているからです。そうやって、魂の存在を前提として、「魂を探して見つけよう」というアルゴリズムが作動してしまうのです。

◆『ウパニシャッド』の欺瞞

魂について調べ始めて、『ウパニシャッド』のテキストを調べたとします。「チャーンドーギヤ」とか「ブリハッド・アーラニヤカ」とか、すべての『ウパニシャッド』文献を読んだからといって、「魂とはなにか？」というバイアス、アルゴリズムから抜けることはできないのです。

たとえば、「チャーンドーギヤ・ウパニシャッド」には弟子と師匠の問答が書かれています。師匠が弟子に、「お前にあのガジュマルの木が見えるか？」と問いかけます。弟子「はい、見えます」。師匠「あのガジュマルの葉っぱも見えるか？」。弟子「はい、先生、見えます」。師匠「あれはお前の魂であり、あれはお前自身なのだ」。そこで、「えっ?・」ということになるでしょう。

ガジュマルの葉っぱでなくてもいいのです。師匠がそこら辺の藪《やぶ》の葉っぱを見せて、「これはあなたです」と。あるいはゴータミー精舎(日本テーラワーダ仏教協会の寺院)にいる寺猫のサーリーちゃんを見せて、「これもあなたです」「スマナサーラとはこれです」と師匠から言われたら、「えっ? 見た目はそうじゃないんだけど、仙人さまの仰ることだから、これを調べてみます」となって、自分で「スマナサーラとは猫のサーリーである」という結論に達するまで、ひたすら調べなくてはいけなくなってしまう。アルゴリズムができあがってしまって、抜けられなくなるからです。

そこで誰かが「あのね、サーリーちゃんは猫ですよ。猫の遺伝子を持っています。あなたはホモ・サピエンスですから、似ても似つかぬ存在ですよ」と言ったとしても、「この人はお師匠さまの考えと違うことを言っている。あんたはうるさいから帰って」と拒絶されることになるのです。

自分がある意見に固執してしまうと、そこでバイアスができあがってしまう。アルゴリズムができあがってしまう。それから何年進んでも、何年勉強しても、何年修行しても、最初のアルゴリズム通りに進んでしまう。結局、バイアスが人を支配するのです。それは宗旨宗派を問わず、宗教家に共通してある極端に悲しい出来事なのです。宗教を持ってしまうと、バイアスから抜けられないという悲しい出来事が確実につきまとうのです。

いくら頑張って、学んで進もうとしても、最初のアルゴリズムはそのまんまなのです。

◆バイアスを超越したブッダが発見したこと

わかりやすくするために、ブッダの立場を説明しましょう。

他の修行者が「魂ってどんなもの？」と探し続けているところで、お釈迦さまは「魂はあるのか？」という疑問を抱いてしまった。他の人々が前提として疑わなかったアルゴリズムには乗らなかったのです。今までの世間にあったバイアスに嵌まらなかったのです。「ある」を前提にしないで、「ある？」とハテナを付けたのです。

では「あるものを探します」と、実際にあるものを探したら、お釈迦さまは色《しき》（物質）・受《じゅ》（感覚）・想《そう》（概念）・行《ぎょう》（衝動）・識《しき》（認識）という五蘊《ごうん》を見つけたのです。

生きとし生けるものが五蘊に執着していることを発見したのです。「実体として魂は存在しない。みんな、誤解しているのだ」という結論に達したのです。

八　聖者のこころは妄想を洗い流す

７８６（７９２）

Dhonassa hi natthi kuhiñci loke
Pakappitā diṭṭhi bhavābhavesu
Māyañca mānañca pahāya dhono
Sa kena gaccheyya anūpayo so

邪悪を掃い除いた人は、世の中のどこにいっても、さまざまな生存に対してあらかじめいだいた偏見が存在しない。邪悪を掃い除いた人は、いつわりと驕慢《きょうまん》とを捨て去っているが、どうして（輪廻《りんね》に）赴くであろうか？　かれはもはやたより近づくものがないのである。

◆覚醒したこころには概念が成り立たない

この偈では、悟りに達した聖者のこころを説明しています。一行ずつ解説します。

Dhonassa hi natthi kuhiñci loke

邪悪を掃い除いた人は、世の中のどこにいっても、

一行目の最初に出てくるdhona《ダナ》という単語の意味は、「きれいに洗濯した」ということです。つまり、こころをオーバーホールしてきれいさっぱり洗濯したのです。こころになんの概念もない、なんの考えもない状態になるまで洗濯し終えたのです。

誰だって、こころには思考・妄想があるでしょう。いつだって、なにかしら考えているでしょう。でも、考えることによって、私たちのこころはとことん汚れてしまっているのです。しかし、こころを洗濯したのならば、もう思考・妄想は成り立たなくなる。その人（概念からこころを洗濯した人）には、世の中のどこにいっても（kuhiñci《クヒンチ》 loke《ローケー》）、ということです。

Pakappitā diṭṭhi bhavābhavesu

さまざまな生存に対してあらかじめいだいた偏見が存在しない。

概念からこころを洗濯した人には、存在・非存在について考えて達した概念はありません。つまり、思考から作り上げた見解は一切ない。こころをきれいに掃除したのならば、完全に漂白剤できれいに白くしたのならば、その人にあれこれの見解などあるわけがないのです。考えて達した見解（pakappitā《パカッピター》 diṭṭhi《ディッティ》）は、もはや存在しないのです。Bhavābhavesu《バワーバヴェース》 の bhava《バワ》 は存在という意味で、abhava《アバワ》 というのは非存在を意味します。

注釈書では別な訳をしますが、これはさまざまな宗教哲学のことを示しています。「私がいるか、いないか」「この世はあるか、この世はないか」「この世はあるならば、あの世はあるかないか」。あるいは「この世のみがあって、あの世は存在しないのか」「この世とあの世と両方存在するのか」。さらには、「この世が終わったところで、あの世が成り立つのか」……と、形而上学的な宗教哲学は、作ろうと思えばいくらでも作れるでしょう。Bhavābhava《バワーバワ》 というぴったりの短い単語で、人類が考えてきた森羅万象（存在と非存在）にまつわる無数の宗教哲学をまとめてギュッと凝縮しているのです。

そうやって、さまざまな思想・哲学を無数に作れますが、聖者にはそれが一切ない。こころは真っ白です。こころは真っ白というと、なんだかネガティブなイメージになるかもしれませんが、こころから概念というゴミをきれいさっぱり洗い流しているのです。概念が成り立たないこころこそが、「覚醒したこころ」なのです。

◆覚者の行方は誰にも理解できない

Māyañca mānañca pahāya dhono
邪悪を掃い除いた人は、いつわりと驕慢《きょうまん》とを捨て去っているが、

その方（覚者）には、慢も捏造も洗い流されているのです。Māyā《マーヤー》を中村先生は「いつわり」と訳されていますが、これは「幻覚」という意味になります。私は「捏造」と意訳します。認識プロセスによって各々の主観で組み立てられた現象、ということです。

眼を開いて見えたものに「ああ、これはバラの花です」と言ったら、その時点で

māyā、幻覚であり捏造なのです。「バラの花」というのは主観で組み立てた概念であって、捏造しないかぎり、決して「バラの花」は見えません。私たちは、眼になにかデータが触れると脳のなかで māyā というイメージ、幻覚を作るのです。それから、脳が作った幻覚こそが正しいと思って、それに固執する。ほんとうは眼に入ったデータなんかに、執着に値する価値は微塵もないのです。それなのに、私たちはバラの花に執着します。いいえ、バラの花に執着しているのではなくて、脳のなかに現れた幻覚に執着しているのです。聖者にはその幻覚が、こころから、脳から消えてなくなっているのです。

お釈迦さまはここで māyā という単語を使っていますが、それは、偈（詩）になると韻を踏むために文字を調整しなくてはいけないからです。ここでは papañca《パパンチャ》（捏造）の同義語として māyā を使っています。文献学者の方々がテキストを読む場合は、そこまで解釈を拡げることはできません。できないのではなくて、学問的にそれはルール違反になってしまうのです。Māna《マーナ》は「慢」と訳しますが、自我を前提として、自他を比較することです。悟りに達した聖者には、そのようなこころの働きは存在しないのです。

Sa kena gaccheyya anūpayo so

どうして（輪廻に）赴くであろうか？　かれはもはやたより近づくものがないのである。

聖者には死後赴くところはないし、覚者がどうなるのかと、誰にも理解することすらできません。覚者には存在・非存在について考えて達した概念がありません。こころのなかから、幻覚を作るシステムがなくなっています。慢も捏造もありません。その人は死後に赴くところがないし、「死後、ここに行きます」という概念すら成り立たない。だから、覚者がどうなるのかと誰にも理解することすらできないのです。聖者が亡くなってどうなるのかということは、人間の理解範囲、思考の範疇に入らないのです。

九　聖者はあらゆる見解を洗い流す

７８７（７９３）

Upayo hi dhammesu upeti vādaṃ
Anūpayaṃ kena kathaṃ vadeyya
Attā nirattā na hi tassa atthi
Adhosi so diṭṭhimidheva sabbanti

諸々の事物に関してたより近づく人は、あれこれの議論（誹《そし》り、噂《うわ》さ）を受ける。（偏見や執著に）たより近づくことのない人を、どの言いがかりによって、どのように呼び得るであろうか？

かれは執《しゅう》することもなく、捨てることもない。

かれはこの世にありながら一切の偏見を掃い去っているのである。

◆幻覚を「ある」としてしまう人とは

最後の偈になります。こちらも一行ずつ解説します。

Upayo hi dhammesu upeti vādaṃ
諸々の事物に関してたより近づく人は、あれこれの議論(誹《そし》り、噂《うわ》さ)を受ける。

諸々の現象について(関連して)、執着するから種々の見解が起こる。中村先生はdhammā《ダンマー》を「諸々の事物」としていますが、ここではシンプルに「現象」と訳しておきましょう。さまざまな現象を参考にして、私たちはあれこれと見解を作るのです。たとえで説明しましょう。私がリンゴを一つ取ってかじってみます。私は美味しく感じます。そうすると私は妄想します。「このリンゴの味は素晴らしい。すべて味が調《ととの》っている。レモンのように酸っぱさに偏っているわけでもない。蜂蜜のように甘さに偏っているわけでもない。なんと言っていいかもわからない味だ。リンゴの味だというしかないのだ」と。さらに、「こんなに見事にバランスを整えた味を作るためには、相当な能力が必要だろう。このリンゴは一体誰が作ったのか。完璧なリンゴを作るためには完璧な存在が必要なはずだ」と妄想を拡大させて、しまいには「したがって全知全能の神様がいるのだ」と結論に達する。神という妄想を作り出すために必要なのは、一個のリンゴだけです。一個のリンゴを取って、かじってから観察するだけでいいのです。

すごく甘く感じるマンゴーがあったとしても、同じルートで妄想を膨らますことができます。マンゴーは甘さに偏っていますが、そこは見事に完成した味なのです。マンゴーに塩をかける必要もないし、砂糖をかける必要もないし、蜂蜜をかける必要もない。熟したマンゴーは、そのままかじられます。それでマンゴーをかじって、「こんな完全な味、こんなバランスを整えた味は人間には作れない。自然界には作れるけれど、自然界はバランスを整えていないのだから、この絶妙な味を設定するためには全知全能の能力が必要なはずだ。したがって、神様が実在するにちがいない」という結論に達するのです。

ここで私は、他宗教の人々がどのように思考するのかということを、ちょっとした具体的な例で説明してみました。そういう人々は、マンゴーでも、リンゴでも、木の葉っぱでも、藪に咲いている花でも、なんでもいいのですが、いろんな現象を観察して、現象をベースにして見解を作ります。

こうした人々が陥っている問題のポイントは、「眼に見えたのだから、バラの花がある」というところにあるのです。彼らは、眼に実際に見えているものはなにかということを知らないのです。眼に見える色の情報を脳が受け取って、どのように「バラの花」というイメージを作ったのかというプロセスを調べていないのです。脳みそのなかで現れた幻覚にすぎない、「バラの花」「マンゴー」「リンゴ」などを疑うべからざる前提として、幻覚を「ある」ことにして議論をすすめてしまうのです。

◆現象はこころの錯覚にすぎない

Anūpayaṃ kena kathaṃ vadeyya
（偏見や執著に）たより近づくことのない人を、どの言いがかりによって、どのように呼び得るであろうか？

現象を基礎にしないならば、見解は成り立たないのです。誰かの眼・耳・鼻・舌・

身にデータが触れても、脳みそのなか、こころのなかでmāyā・幻覚を作ることはしないならば、なんの見解も成り立たないでしょう。見解を作るためには、なにかの現象に頼って見解を作らなくてはいけない。ですから、頼るべき現象（dhammā）がないならば、つまり脳みそで組み立てた幻覚がないならば、見解そのものが成り立たなくなる。

残念ながら、現象とはこころの錯覚なのです。錯覚だと見破ったうえで、仏教ではその錯覚が現れる仕組みを細かくチェックしている。「こういう仕組みで錯覚が起きるのだよ」と説明するのです。こうした「現象を基礎とする」あらゆる見解を超越しているのは、覚者・悟った人だけです。Anūpayam《アヌーパヤン》とは、そのように現象に頼らない、現象をデータとして取らない人、つまり聖者のことを言っています。

Attā nirattā na hi tassa atthi
かれは執することもなく、捨てることもない。

我が存在する、存在しないなどの見解は覚者にありません。この行の翻訳は、中村先生もちょっと的を外してしまったと思います。専門家でも躓《つまず》いてしまうフレーズなのです。

悟った人には、「我が存在する（attā《アッター》）」ということはありません。また、「我が存在しない（nirattā《ニラッター》）」という立場もありません。中村先生だけではなくて、日本の学者の一部の方々には「お釈迦さまは無我を説いていない」と主張していた時代があったのですが、そういう議論は概念の森のなかで彷徨《さまよ》っているにすぎません。

悟った人にとっては、「我が有る（attā）」ということも、「我が無い（nirattā）」ということも成り立たないのだというのです。ここで問題としているのは、はっきりした、「我（ātman《アートマン》）」という概念のことです。悟った人・聖者には、我（ātman）をめぐる議論は関係ない。我（ātman）の有無について論じるためには、脳みそのなかで、あるいはこころのなかで、papañca・捏造（māya・幻覚）が機能していなくてはいけない。眼に色が触れた瞬間に捏造プロセスが起きて、我（ātman）という実感（創発）が現れる。それで「私が見た」という結論に達する。そもそも捏造・幻覚そのものが機能しないならば、「我が有る（attā）」ということも、「我が無い（nirattā）」ということも、議論の前提からして成り立たなくなるのです。

Adhosi so diṭṭhimidheva sabbanti

かれはこの世にありながら一切の偏見を掃い去っているのである。

覚者は一切の見解を洗い流したのです。原文に「覚者」という単語はないのですが、その人は一切の見解を洗い流しました（adhosi《アドースィ》）。ということで、経典の解説は終了します。

◆聖者のきれいなこころは、一般人には理解できない

たいへん難しい内容でした。軽々しく理解しよう、勉強しようと思ってもその中身は濃過ぎると言いますか、あまりにも高度なのです。しかし、仏教心理学のガイドによって概略を掴むことはできます。

私たちはずっと止まることなく思考・妄想しています。思考・妄想するためにはデータが必要です。データは当然、眼・耳・鼻・舌・身から入ります。眼耳鼻舌身から入るデータは至ってシンプルで、色・声・香・味・触だけです。そこには「バラの花」もなければ、「音楽」もない。「美味しいご飯」も「ウナギの蒲焼き」もないのです。

眼耳鼻舌身に触れる色声香味触のデータを、こころ（意）——現代社会では「脳みそ」と言うのですが、脳みそは単なる臓器にすぎません——のなかで捏造（papañca）して、幻覚（māyā）を組み立てて、その捏造・幻覚を回転させて思考・妄想を膨らます。そこから、さまざまな見解が生まれるのです。でも、預流果《よるか》に悟ったら、この見解はなくなるというのです。

預流果に悟ったら見解が消えると言っても、すべての見解が消えるわけではなくて、sakkāya《サッカーヤ》-diṭṭhi《ディッティ》（有《う》身《しん》見《けん》）が消えるのです。「確固たる自分がいる」という見解はなくなります。それでも、阿羅漢《あらかん》に悟るまでは一応、まだ見解が残ってはいる。でも、確固たる自我があるという見解だけはなくなるのです。

この経典では、脳（こころ）のなかで概念が回転する仕組みについて、思考・妄想の世界が成り立つプロセスについて語っています。それも、人類が抱く見解すべてというよりも、宗教の世界で作られる形而上学的な見解について語っているのです。

これまで世にあった、今ある、これから現れる、すべての宗教的な見解。それらは好みによって流れを作って、修行して、研究して、進んで達するものですから、誰もがそれに引っかかってしまって、抜けられなくなって、お互いにギャーギャーと議論しているのだと。そういう見解の世界を超越した聖者には、つまりお釈迦さまには、なんの見解もないのです。ただ、きれいなこころでいるのです。

聖者のきれいなこころは、一般人には理解できません。なんらかの色で染めてもらわないと、空間を認識できないようなものです。今ここで、私たちには空気は見えません。部屋は見えます。壁は見えはます。染めたものは見えるのですが、形をとっていない空気は見えません。自我を張らない空気は認識できません。柱は認識できます。柱は自我を張っています。だから、柱は硬いままで変わらないのです。

でも、空気は自我を張っていないのだから、なかなか把握できない。これはたとえ話で、空気も認識できますけど、眼で見ようとしても、「柱は見えますけど、空気は見えません」ということになってしまうのです。柱は硬い存在ですが、空気は硬いとも言えないし、柔らかいとも言えません。

そこでこの経典の最後のフレーズを私がもう一度意訳すれば、

Adhosi so diṭṭhimidheva sabbanti
覚者は一切の見解を洗い流した。

となります。これは悟りの境地を意味する言葉なのです。

この経典は、人々が執着する日常の見解よりも、宗教・神秘・迷信的な見解を背景にして説かれています。

「私は、ご飯は硬めがいい」という程度の見解は、そんなに大げさなことではありません。しかし、「観音様がいるか、いないか」という見解はかなり危険なのです。「いる」と思っている人のところで、「いるわけないじゃないか」と言ってしまうと、どんな目に遭わされるかわかりません。私の YouTube 動画も削除されるはめになるかもしれません。宗教的な見解に頭が凝り固まってしまうと、なにをしでかすかわからないのです。しかし、YouTubeで「ウナギなんか不味いよ、あんなもの食べる人の気が知れない」と言ったとしても、「ふーん、この人とは意見が合わないみたい」という程度で、「動画を削除しろ」というところまでは行かないと思います。

宗教になってくると、そう簡単ではありません。恐ろしく危険なことになってくる。かといって、お釈迦さまや阿羅漢《あらかん》に達した聖者たちが世にある議論・論争に参加しないのは、「腰抜け」というわけではありません。聖者たちは一般人に理解不可能な境地に達していて、人々が争っている見解そのものがいかにいい加減なもので、論争とは見解という糞《ふん》をかき回して周囲に撒き散らす行為以外の何ものでもないと、知り尽くしているからなのです。

◆「思考・妄想を止めてみる」ことの哲学的意味とは

はい、そういうことで経典は終わりです。

みなさんが、この章は特別に難しかったと思うならば、この経典を解説してくれと頼んだ人を恨んでください。個人的には、「こんな拙《つたな》い解説をして、ブッダのダイヤモンドのような尊い言葉を粗末に扱っていいのだろうか」という気持ちも、仏教徒としてはなきにしもあらずです。

しかし、この経典が難しいと思う方には、理解するための裏ワザがあります。「思考・妄想を止めてみなさい」という、たったそれだけ。ヴィパッサナー瞑想で教えていることはそれなのです。「思考・妄想を止めてみなさい」という教えの哲学的な意味について、この経典は教えているのです。

なぜ思考・妄想が悪いのかといえば、端的に言って「嘘だから」なのです。思考・妄想とは、幻覚（māyā）であって、捏造（papañca）なのです。私たちは幻覚に固執しているのです。執着・煩悩というのは、幻覚に執着していることです。みなさんは、執着を捨てようとして頑張っているでしょう。怒らないように、欲張らないように、たいへんな苦労をされています。しかし、それが幻覚にすぎないのだと発見したら、楽ちんです。「幻覚だ」と発見すれば、執着はなくなってしまうのです。

Q&A 法話後の参加者との対話から

◉問1

「我が無い」と無我は違う?

——最後の偈で attā, nirattā という、要するに、「我が有る」と「我が無い」という、両方の見解から離れているという場合の nirattā というのは、仏教の三《さん》法《ぼう》印《いん》で言われる「anattā《アナッター》, anattan《アナッタン》（無我）」ということとはまた違う文脈になるのでしょうか?

＊

無我とは「我は成り立たない」ということ

それはちょっと違うのです。nirattā というのは ātman（我）に対する nirātman（非我）なのです。いわゆる「我か、非我か」という見解の争いなのです。お釈迦さまがanattan（無我）と説かれる場合は、「我は成り立たないのだ」ということです。Māyā・幻覚がなければ、「バラの花」も成り立たないのだから、当然、attanも成り立たないのです。

——Nirattāという場合は、もっとなにか哲学的な見解になってくるということですか？

＊

Yesがあるからこそ、Noが成り立つでしょう。そういう両極端の言葉なのです。インドの宗教哲学のなかでも、nirātman《ニラートマン》（非我）を唱える人々はいたのです。たとえばマッカリ・ゴーサーラとかアジタ・ケーサカンバリンといった人々は、「ātman（我）など存在しないのだ。刀で生命を斬り殺したとしても、ただ七つの元素の間を刀が通るだけで、実際にはなにも起きていないのだ」などと唱えていたのです。そのような形で、nirātman（非我）を教えていた宗教家もいました。それから、インドには昔から唯物論がありました。唯物論者たちは、「ātman（我）というものは存在しない。存在するのは地水火風と虚空（空間）のみである。生命の感覚などは、それらの組み合わせによって現れるちょっとした現象にすぎない」というふうに、nirātman（非我）を教えていたのです。

悟った聖者の立場から見れば、「ああ、すべては無常だ、苦だ、無我だ」などと思う必要もありません。だって、「すべて」というのは幻覚ですから。完全に悟ったら、無常・苦・無我という三つの概念も消えてしまうのです。無常・苦・無我というのは、俗世間（現象世界）に対して説かれている真理の言葉（世俗諦《せぞくたい》）なのです。「無常」と言うためには、現象が必要です。悟ったら、概念はすべて消えます。

有名な「筏《いかだ》のたとえ」を使えばよく理解できるでしょう。ブッダの教えは筏です。すべて、無常・苦・無我の教えも、四聖諦《ししょうたい》の教えも、八正道《はっしょうどう》の教えも、因果法則の教えも筏です。それに乗って、現象世界を乗り越えなさいと。乗り越えたら筏を置いて、終わり。さようなら。悟ってから、また筏を持ち運ぶ必要はありません。そこですべてストップするのです。Anicca《アニッチャ》（無常）も、dukkha《ドゥッカ》（苦）も、anatta（無我）も、涅槃《ねはん》に達したらそこで終わり。通じるのはそこまでです。Nirattā（非我）とanattā（無我）がダブっているのではないかといっても、そんなに大げさなことでもありません。まだ概念の世界にいる方々にとっては、誤解したら困るということはあり得るかもしれませんが。

◉問2

生滅の智慧はどうすると顕れる？

――生滅の智慧は、どうやって発見できるのですか？　あまりにも早すぎる生滅の瞬間を発見できるほどの高い集中力が必要だと思いますが、ヴィパッサナーに熟達してくると自然と顕れるのでしょうか？

＊

瞑想を続けていれば、自然と顕れる

それは自然に顕れると思ってください。ただひたすら瞑想すればよいのです。私たちにとって、なにかが変化するのを知るためには、どれくらい時間がかかりますか？　たとえば、買ってきた花が枯れるまで、一週間はかかります。「ああ枯れた、ああ無常だ」というふうに、私たちが認識する現象によって、変化を認識するのにかかる時間はバラバラなです。

流れている川に浮かぶ泡を見ているのならば、泡が浮かんでから弾けるまで、もっ

と早いタイムスパンで見ることができます。人間のこころによって、このタイムスパンは縮んでいく。能力次第でどんどん縮んでいきます。

私の勝手な主観で言えば、ナノ秒（十億分の一秒）まで行かなくても大丈夫です。百分の一秒くらいで変化を認識できるようになってしまうと、「無常」ということがわかるのです。それで仕方なく「ああ、無常だ」ということに納得して、結論に達する。そのときには、もう悟りに達していると思います。百分の一秒というのはアバウトに言ったことで、私も正確にはわかりません。瞑想するときは、時計で測る時間感覚とは、ちょっと変わってしまうからです。十分しか瞑想していないのに、まるで一時間くらい瞑想したような気分がする場合もあるでしょう。そういう場合は、短い瞑想の時間で膨大なデータを取っていた、ということなのです。

――集中力がないと、データを雑にしか取っていない。集中しているとたくさんデータを取れる。だから、あたかもたくさん時間を過ごしたかのように感じてしまうこともあるのですね。

＊

そういうことです。

◉問3

戒律を守っていることを自己PRすることはNG？

――先ほど「自己PR」という話がありましたが、それに関する質問です。みんなの役に立つために、戒律を頑張って守っていると自己PRをすることは成り立たないのでしょうか？

＊

俗世間の自己PRは醜い振る舞い

成り立たないです。なぜ戒律を自己PRするのでしょうか。たとえば、先輩が後輩に躾《しつけ》するときに、あるいは親が子供を躾するときに、「お母さんはこんなことやらないですよ、ずっと」というくらいの自己PRはしてもいいのですが。そういう場合は、相手がまじめな人間になって欲しいから、自分が道徳を実践しているとあえて言うのです。子供から「お母さんって偉い人ですね」と言ってもらいたくて自己PRをしたら、これは駄目でしょう。俗世間の自己PRは、自分の利益のために自我を張る醜い振る舞いなのです。

◉問4

概念や見解はこころの凸凹か?

——ちょっと確認のような感じになりますが、概念や見解とは、こころの凸凹のことでしょうか?

*

概念はこころの凸凹を作る

そうです。概念があればあるほど、凸凹なのです。概念は凸凹を作ってしまう。凸凹と一緒に感情も入ってしまう。概念というのは感情とセットです。バラの花と言っても、誰であれ、植物学的に「〇〇科の△△属に属したグループの花」という感じにはならない。「ああバラの花だ」といきなり飛びついてしまう。感情が入っているのです。概念であることを妄想するときでも、相当凸凹です。当然、妄想ではなく論理的ななにか大事なことを思考するときでも、こころは凸凹なのです。

◉問5

悟ると妄想は消える？

――預流果《よるか》で完全に妄想は消えるのでしょうか？　阿羅漢で初めて完全に消えるのでしょうか？

＊

預流果でも妄想はあるが、だいぶ減っている

預流果に達すると、妄想が「減る」のです。預流果には、まだ怒りと欲が残っています。それでも、sakkāya《サッカーヤ》-diṭṭhi《ディッティ》（有身見《うしんけん》）とvicikicchā《ヴィチキッチャー》（疑《ぎ》）とsīlabbata《スィーラッバタ》-parāmāsa《パラーマーサ》（戒禁取《かいごんじゅ》）という三つの煩悩が消えるのですから、「確固たる自我がある」という思考・

妄想は消える。どんな修行がありがたいかとか、あの宗教はしきたりが厳しくて立派だとか、そういうことにも興味はなくなってしまう。しかし、まだまだ自分の肉体に対して愛着もあるし、欲もあるし、それに関わる思考・妄想は生まれる。ある程度で少なくはなっていますが、思考・妄想はあります。

預流果に達してから、さらに修行を続けると、思考・妄想は徐々に消えて、阿羅漢果に達すると完全になくなってしまいます。阿羅漢には、必要な思考だけしか、それも妄想ではない純思考しか起こりません。お釈迦さまは、「(阿羅漢は) あえて思考を作る」というふうに経典で仰っています。

＊

◉問6

偏見を捨てていくことが瞑想？

——見解＝偏見を捨てていくことが瞑想である、という理解でよいのでしょうか？

アルゴリズムを作ってはいけない

そうやってモットーを作ってしまうと、アルゴリズムができあがって、また偏見になってしまいます。ほんとうに難しいのです。そうではなくて、仕組みを発見する。「見解を捨てろ」というアルゴリズムを作ってしまうと、ニヒリズムで終わってしまいます。そうすると悟りではありません。ニヒリズムというのも、また一つの恐ろしい執着なのです。そうではなくて、「見解はどんな仕組みで生じるのか」と、ヴィパッサナー瞑想で発見するのです。

祝福の偈

祝福の読経をしてあげて終了したいと思います。

これから唱える『宝経《たからきょう》（Ratanasuttaṃ《ラタナスッタン》）』の最後の偈《げ》には、いわゆる「種《しゅ》の法則」に関する教えが含まれています。そこには、種の法則から出てくるウイルスや細菌の問題から守られて幸福になるという意味が入っています。テーラワーダ仏教のお坊さんたちにも、あまり知られていないポイントだと思います。

《礼拝文》

Namo Tassa Bhagavato Arahato Sammā Sambuddhassa.

阿羅漢《あらかん》であり、正自覚者《しょうじかくしゃ》であり、福運に満ちた世尊《せそん》に、私は敬礼《きょうらい》したてまつる。

Namo Tassa Bhagavato Arahato Sammā Sambuddhassa.

阿羅漢であり、正自覚者であり、福運に満ちた世尊に、私は敬礼したてまつる。

Namo Tassa Bhagavato Arahato Sammā Sambuddhassa.

阿羅漢であり、正自覚者であり、福運に満ちた世尊に、私は敬礼したてまつる。

Sabba pāpassa akaraṇaṃ, kusalassa upasampadā,
一切の悪行為をおこなわないこと。善に至る（善行為をおこなう）こと。
Sacitta pariyodapanaṃ, etaṃ Buddhāna sāsanaṃ.
自らのこころを清めること。これが仏陀《ぶっだ》たちの教戒である。
Khantī paramaṃ tapo titikkhā,
忍耐・堪忍は最上の修行である。
Nibbānaṃ paramaṃ vadanti Buddhā;
涅槃《ねはん》は最高のものであると、仏陀たちは説きたもう。
Na hi pabbajito parūpaghāti,
他人を害する人は出家者ではない。
Samaṇo hoti paraṃ viheṭhayanto.
他人を悩ます人は「道の人」ではない。
Anūpavādo anūpaghāto Pātimokkhe ca saṃvaro,

罵《ののし》らず、害《そこな》わず、戒律に関しておのれを守り、
Mattaññutā ca bhattasmiṃ pantañ ca sayanāsanaṃ,
食事に関して〈適当な〉量を知り、淋しいところでひとり臥《ふ》し、坐し、
Adhicitte ca āyogo etaṃ Buddhāna sāsanaṃ.
こころに関することにつとめはげむ。これが仏陀たちの教戒である。
(「諸仏の教え」 Dhammapada Nos. 183-185)

Etena sacca vajjena pātu tvaṃ ratanattayaṃ.
この真理の言葉の力によって、あなた方に三宝《さんぼう》のご加護がありますように。
Etena sacca vajjena hotu te jaya maṅgalaṃ.
この真理の言葉の力によって、あなた方が幸福でありますように。
Etena sacca vajjena sotthi te hotu sabbadā.
この真理の言葉の力によって、あなた方が常に平安でありますように。

Khīṇaṃ purāṇaṃ navaṃ natthi sambhavaṃ,

「古き〔業《ごう》〕は尽き、新しき〔業〕は生ぜず」。
Viratta cittā āyatike bhavasmiṃ,
再び生まるることに未練はない。
Te khīṇa bījā avirūḷhicchandā
種子《しゅじ》（業）が尽きた。貪欲《とんよく》を根絶やしにした。
Nibbanti dhīrā yathā yam padīpo,
彼の賢者たちは、灯明の如く寂滅す。
Idam pi saṅghe ratanaṃ paṇītaṃ,
此《こ》は僧（サンガ）が勝宝たる由縁なり。
Etena saccena suvatthi hotu.
此の真実により、幸いがあらんことを。
（『宝経（Ratanasuttaṃ）』十四偈）

Etena sacca vajjena dukkhā vūpasamentu te.
この真理の言葉の力によって、あなた方の苦しみがなくなりますように。

Etena sacca vajjena bhayā vūpasamentu te.
この真理の言葉の力によって、あなた方の恐怖がなくなりますように。
Etena sacca vajjena rogā vūpasamentu te.
この真理の言葉の力によって、あなた方の病苦がなくなりますように。

Sabbītiyo vivajjantu sabba rogo vinassatu.
一切の不幸・病苦を避けられますように。
Mā te bhavatvantarāyo sukhī dīghāyoko bhava.
災難に遭うことなく、あなた方が末永く幸福に暮らせますように。
Bhavatu sabba maṅgalaṃ rakkhantu sabba devata.
すべての祝福がありますように、諸天善神のご加護がありますように。
Sabba buddhānubhāvena.
あらゆる仏（ブッダ）の威徳によって、
Sabba dhammānubhāvena.
あらゆる法（ダンマ）の威徳によって、

Sabba saṅghānubhāvena.
あらゆる僧（サンガ）の威徳によって、
Sadā sotthī bhavantu te.
あなた方が常に平安でありますように。
Āyur-ārogya-sampatti,
長寿と健康を保つこと、
Sagga-sampatti-m-eva ca,
天界に生まれること、
Atho nibbāna-sampatti,
そして涅槃に達すること、
Iminā te samijjhatu.
この功徳《くどく》によって、これらのことが叶えられますように。

では、三宝のご加護がありますように。
生きとし生けるものが幸せでありますように。

本書の第一～三章は、左記のものを再編集してまとめたものです。

◉「『聖なる』ものの証明――世間と出世間のボーダーライン」（二〇一五年三月二十九日月例講演会より／日本テーラワーダ仏教協会機関誌『パティパダー』二〇一七年五月号～十一月号掲載）

◉「スッタニパータ『牟尼経』を読む」（二〇一七年十月九日、守谷合宿法話より／日本テーラワーダ仏教協会機関誌『パティパダー』二〇一九年二月号～五月号掲載）

◉「悪意についての八つの詩句　スッタニパータ第四章 Aṭṭhakavaggo より」（二〇二〇年五月十四日、ゴータミー精舎からライブ配信／日本テーラワーダ仏教協会機関誌『パティパダー』二〇二〇年十一月号～二〇二一年二月号掲載）

なお、引用したパーリ経典の偈の通し番号はＰＴＳ版に準じ、（　）内にミャンマー版の数字を補ってあります。

アルボムッレ・スマナサーラ Alubomulle Sumanasara

スリランカ上座仏教（テーラワーダ仏教）長老。1945年4月、スリランカ生まれ。13歳で出家得度。国立ケラニヤ大学で仏教哲学の教鞭をとる。1980年に来日。駒澤大学大学院博士課程を経て、現在は（宗）日本テーラワーダ仏教協会で初期仏教の伝道と瞑想指導に従事し、ブッダの根本の教えを説き続けている。朝日カルチャーセンター講師を務めるほか、NHK Eテレ「こころの時代」などにも出演。『サンユッタニカーヤ 女神との対話』（サンガ新社）、『怒らないこと』『怒らないこと2』（大和書房）、『原訳「法句経《ダンマパダ》」一日一悟』（佼成出版社）、『ブッダ　大人になる道』（筑摩書房）、『やめたいことは、やめられる。』（河出書房新社）、『Freedom from Anger』（英文、WISDOM PUBLICATIONS）など著書多数。

ブッダに学ぶ 聖者の世界

2022年6月8日　第1刷発行

著者　アルボムッレ・スマナサーラ
発行人・編集人　内田恵三
編集協力　佐藤哲朗（日本テーラワーダ仏教協会）、古川順弘
カバー写真　田中昭二
装幀・本文デザイン　Certo Tokyo　岡本佳子
発行所　アルタープレス合同会社
〒185-0014　東京都国分寺市東恋ヶ窪4-8-35
TEL 042-326-4050
FAX 042-633-4912
印刷所　中央精版印刷株式会社

アルタープレス　既刊のご案内

全国書店・ネット書店にて発売中

ブッダに学ぶ　ほんとうの禅語

アルボムッレ・スマナサーラ

〈禅の言葉〉にこめられた
ブッダの教えとは

「一期一会」「天上天下唯我独尊」「日日是好日」……数ある〈禅の言葉〉は、あいまいで一見謎めいているため、各人の勝手な解釈によって、まったく仏教本来の教えと異なる意味にとられてしまうことも多い。禅の修行者たちがこれらの言葉にこめたもともとの思想はどんなものだったのか？　本書では、もっともブッダの教えに近いとされる「テーラワーダ仏教（初期仏教）」の伝道者、スマナサーラ長老が、禅語の〝本当の意味〟を鮮やかにひもとく。

ISBN978-4-910080-02-4
定価 本体１９００円＋税

「問う」を学ぶ　答えなき時代の学問

加藤哲彦（編）

12の「問い」に最先端の研究者たちが答える！

元コピーライターの〝一般人〟である編者が、12人の研究者たちを訪ね歩き、素朴な「問い」を投げかける。生命、宇宙、宗教、社会、ジェンダー、他者——あらゆる学問領域を駆けめぐる、今までになかった超横断的ロング・インタビュー集。

［本書に登場する研究者］
中村桂子、島薗進、辻信一、中村寛、奥村隆、吉澤夏子、江原由美子、広井良典、池内了、内田樹、小川隆、野矢茂樹

ISBN978-4-910080-05-5
定価 本体2500円＋税

偽史の帝国

〝天皇の日本〟はいかにして創られたか

藤巻一保

日本を動かし続ける「偽の歴史」に迫る

明治期、新たな統治体制を構築しようとした日本政府は、天皇を中心に据えた「偽の歴史（偽史）」を創作した。今なお日本の歴史に決定的な影響を与え続けるこの空想的な「偽史」は、いかにして出来上がり、浸透し、肥大していったのか？　本書は、「国体論」「教育勅語」「家族国家論」などのキーワードを軸に、政治・文化・宗教、そしてオカルト思想に至る大量の歴史的資料をひもとき、「偽史」、そして近代日本の赤裸々な姿を明らかにする。

ISBN978-4-910080-04-8
定価　本体２２００円＋税